Marcas que vendem: estratégias eficazes para criar e fortalecer identidades de marca

Copyright © 2024 Reginaldo Osnildo
Todos os direitos reservados.

APRESENTAÇÃO

A IMPORTÂNCIA DA IDENTIDADE DE MARCA

FUNDAMENTOS DA IDENTIDADE DE MARCA

PESQUISA DE MERCADO PARA DESENVOLVIMENTO DE MARCA

DESIGN VISUAL E BRANDING

A PSICOLOGIA DAS CORES EM BRANDING

CRIAÇÃO DE UM LOGO MARCANTE

ESTRATÉGIAS DE NAMING

BRANDING DE VOZ E TOM

STORYTELLING DA MARCA

ESTRATÉGIAS DE LANÇAMENTO DE MARCA

GESTÃO DE MARCA E REPUTAÇÃO ONLINE

BRANDING DIGITAL E MÍDIAS SOCIAIS

ENGAJAMENTO DO CLIENTE E EXPERIÊNCIA DE MARCA

BRANDING INTERNACIONAL

SUSTENTABILIDADE E RESPONSABILIDADE SOCIAL

USO DE TECNOLOGIA NO BRANDING

MEDIÇÃO DO IMPACTO DA IDENTIDADE DE MARCA

RENOVAÇÃO E REBRANDING

DESAFIOS COMUNS EM BRANDING

FORMAÇÃO E DESENVOLVIMENTO EM BRANDING

TENDÊNCIAS FUTURAS EM BRANDING

ESTRATÉGIAS PARA PEQUENAS EMPRESAS E STARTUPS

PARCERIAS DE MARCA E CO-BRANDING

MANTENDO A RELEVÂNCIA DA MARCA

REGINALDO OSNILDO

APRESENTAÇÃO

Bem-vindo a "**Marcas que vendem: estratégias eficazes para criar e fortalecer identidades de marca**". Neste livro, você encontrará um guia completo e detalhado para construir e gerenciar uma identidade de marca que não só atraia clientes, mas também crie uma conexão duradoura com eles. Em um mercado cada vez mais competitivo, uma marca forte é essencial para se destacar, fidelizar clientes e maximizar a receita.

Ao longo dos capítulos, vou compartilhar insights atualizados e práticos que facilitam a vida de profissionais de marketing, designers de marca e gestores de empresas. Você aprenderá como definir os elementos-chave de uma identidade de marca, realizar pesquisas de mercado, criar uma identidade visual impactante e muito mais. Cada capítulo foi cuidadosamente elaborado para fornecer estratégias aplicáveis e eficazes, sempre com uma linguagem acessível e direta.

Este livro é mais do que um manual; é uma ferramenta indispensável que ajudará você a transformar sua marca em um verdadeiro ativo estratégico. Ao final de cada capítulo, você será convidado a explorar o próximo tema, garantindo uma jornada de aprendizado contínua e envolvente.

Então, prepare-se para mergulhar no universo do branding e descobrir como construir uma identidade de marca que realmente vende.

Atenciosamente

Prof. Dr. Reginaldo Osnildo

A IMPORTÂNCIA DA IDENTIDADE DE MARCA

Antes de começar a explorar as estratégias e táticas específicas para criar e fortalecer sua identidade de marca, é crucial entender por que isso é tão importante. Uma identidade de marca forte não apenas diferencia sua empresa da concorrência, mas também cria um vínculo emocional com os clientes, aumentando a lealdade e, consequentemente, as vendas.

A FORÇA DA PRIMEIRA IMPRESSÃO

A identidade de marca é a primeira impressão que você deixa em seus clientes. Uma marca bem definida transmite confiança e profissionalismo, enquanto uma identidade mal desenvolvida pode afastar potenciais clientes. A partir do momento em que alguém entra em contato com sua marca, seja por meio de um logotipo, um website ou um post nas redes sociais, eles começam a formar uma opinião sobre seu negócio.

DIFERENCIAÇÃO NO MERCADO COMPETITIVO

Em mercados saturados, a diferenciação é crucial. Uma identidade de marca única ajuda a destacar seu produto ou serviço em meio à concorrência. Marcas bem-sucedidas, como Apple e Nike, não se destacam apenas pela qualidade de seus produtos, mas também por suas identidades de marca fortes e reconhecíveis que ressoam com os consumidores em um nível emocional.

FIDELIDADE E RETENÇÃO DE CLIENTES

Uma identidade de marca consistente e autêntica constrói confiança e lealdade. Clientes que se identificam com sua marca tendem a ser mais leais, fazendo compras repetidas e recomendando sua empresa a outros. Essa lealdade não é apenas baseada na qualidade do produto, mas na conexão emocional que sua marca consegue estabelecer.

MAXIMIZANDO A RECEITA

Quando os clientes confiam e se identificam com sua marca, eles estão dispostos a pagar um prêmio por seus produtos ou serviços.

Uma identidade de marca forte permite que você posicione seus produtos com uma margem de lucro maior e sustente um preço premium no mercado. Marcas fortes são sinônimos de valor percebido, o que justifica preços mais elevados.

Agora que você entende a importância crítica de uma identidade de marca forte, está na hora de aprofundar nos elementos que compõem essa identidade. No próximo capítulo, exploraremos os fundamentos da identidade de marca, definindo os elementos-chave que você precisa considerar para criar uma marca eficaz e memorável.

FUNDAMENTOS DA IDENTIDADE DE MARCA

Neste capítulo, vamos explorar os fundamentos da identidade de marca e os elementos-chave que a compõem. Uma identidade de marca eficaz é construída sobre uma base sólida, composta por diversos componentes que, juntos, criam uma imagem coesa e atraente para o público.

O QUE É IDENTIDADE DE MARCA?

A identidade de marca é a combinação de todos os elementos visuais, auditivos e emocionais que representam sua marca. Inclui o nome da marca, logotipo, cores, tipografia, linguagem, e até mesmo a experiência do cliente. Todos esses componentes devem trabalhar em conjunto para transmitir a mensagem e os valores da marca de forma consistente.

ELEMENTOS-CHAVE DA IDENTIDADE DE MARCA

Nome da marca

O nome da marca é a primeira e mais importante impressão que você causa. Ele deve ser único, fácil de lembrar e refletir os valores e a personalidade da marca. Um nome eficaz ajuda a criar uma conexão emocional com o público e facilita o reconhecimento da marca.

Logotipo

O logotipo é o símbolo visual da sua marca. Ele deve ser simples, memorável e transmitir a essência da marca. Um bom logotipo é versátil e pode ser usado em diversos contextos, desde embalagens de produtos até materiais de marketing digital.

Cores

As cores desempenham um papel crucial na percepção da marca. Elas evocam emoções e associações específicas. Por exemplo, o azul é frequentemente associado à confiança e segurança, enquanto o vermelho pode evocar paixão e energia. Escolher as cores certas é fundamental para criar uma identidade visual coerente e impactante.

Tipografia

A tipografia, ou o estilo das fontes utilizadas, também contribui para a personalidade da marca. Fontes modernas e limpas podem transmitir inovação e profissionalismo, enquanto fontes mais elaboradas podem evocar um senso de tradição e qualidade artesanal.

Voz e tom

A voz da marca é a forma como você se comunica com seu público. Ela deve ser consistente em todos os canais de comunicação e refletir a personalidade da marca. O tom pode variar de formal a casual, dependendo do público-alvo e da mensagem que você deseja transmitir.

CONSISTÊNCIA É A CHAVE

A consistência é fundamental para construir uma identidade de marca forte. Todos os elementos devem trabalhar em harmonia para criar uma imagem coesa e reconhecível. Isso não apenas fortalece a percepção da marca, mas também constrói confiança e lealdade entre os clientes.

Com os fundamentos da identidade de marca bem definidos, estamos prontos para mergulhar em como a pesquisa de mercado pode informar o desenvolvimento dessa identidade. No próximo capítulo, você aprenderá como usar a pesquisa de mercado para criar uma marca que ressoe com seu público-alvo.

PESQUISA DE MERCADO PARA DESENVOLVIMENTO DE MARCA

Neste capítulo, vamos explorar como a pesquisa de mercado pode informar e guiar o desenvolvimento da sua identidade de marca. Entender o mercado e seu público-alvo é essencial para criar uma marca que realmente ressoe e atenda às necessidades dos consumidores.

POR QUE A PESQUISA DE MERCADO É IMPORTANTE?

A pesquisa de mercado fornece insights valiosos sobre o comportamento, preferências e necessidades do seu público-alvo. Com essas informações, você pode tomar decisões informadas sobre os elementos da sua identidade de marca, garantindo que ela seja relevante e atraente para seu público.

TIPOS DE PESQUISA DE MERCADO

Pesquisa quantitativa

A pesquisa quantitativa envolve a coleta de dados numéricos através de métodos como questionários e enquetes. Ela ajuda a identificar padrões de comportamento e preferências em um grande grupo de pessoas. Esses dados são essenciais para tomar decisões baseadas em evidências.

Pesquisa qualitativa

A pesquisa qualitativa, por outro lado, foca em entender as motivações e percepções dos consumidores. Métodos como entrevistas em profundidade e grupos focais permitem explorar as razões por trás das escolhas dos consumidores, oferecendo uma visão mais detalhada e contextualizada.

COMO CONDUZIR UMA PESQUISA DE MERCADO

Defina seus objetivos

Antes de iniciar a pesquisa, é crucial definir claramente o que você deseja descobrir. Seus objetivos podem incluir entender melhor seu público-alvo, identificar tendências de mercado ou avaliar a percepção atual da sua marca.

Escolha os métodos de coleta de dados

Dependendo dos seus objetivos, você pode optar por métodos quantitativos, qualitativos ou uma combinação de ambos. Questionários online, entrevistas telefônicas, grupos focais e análise de dados existentes são algumas das opções disponíveis.

Analise os dados

Depois de coletar os dados, a análise é a próxima etapa. Para a pesquisa quantitativa, isso pode envolver o uso de software estatístico para identificar padrões e tendências. Para a pesquisa qualitativa, a análise pode ser mais interpretativa, identificando temas e insights chave nas respostas dos participantes.

APLICANDO INSIGHTS DA PESQUISA NA IDENTIDADE DE MARCA

Definindo o público-alvo

Com os insights da pesquisa, você pode definir com mais precisão seu público-alvo. Isso inclui dados demográficos, comportamentais e psicográficos, que ajudarão a moldar todos os elementos da sua identidade de marca.

Refinando a mensagem da marca

Os insights da pesquisa podem revelar quais mensagens e valores ressoam mais com seu público. Use essas informações para ajustar a voz, o tom e as mensagens centrais da sua marca, garantindo que elas sejam relevantes e atraentes.

Desenvolvendo o design visual

A pesquisa pode fornecer insights sobre preferências estéticas do seu público, ajudando a guiar as escolhas de cores, tipografia e outros elementos visuais da sua marca.

Com uma compreensão sólida de como a pesquisa de mercado pode informar o desenvolvimento da identidade de marca, estamos prontos para explorar as estratégias de design visual e branding. No próximo capítulo, você descobrirá como criar uma identidade visual que realmente ressoe com seu público-alvo.

DESIGN VISUAL E BRANDING

A identidade visual de uma marca é um dos aspectos mais visíveis e imediatos que os consumidores percebem. Neste capítulo, vamos explorar como criar uma identidade visual impactante e coesa que ressoe com seu público-alvo e fortaleça sua marca.

A IMPORTÂNCIA DO DESIGN VISUAL

O design visual é mais do que apenas estética; ele comunica a personalidade, os valores e a promessa da marca. Um design visual bem pensado pode diferenciar sua marca, criar reconhecimento instantâneo e estabelecer uma conexão emocional com os consumidores.

ELEMENTOS DO DESIGN VISUAL

Logotipo

O logotipo é o elemento central da identidade visual da sua marca. Deve ser simples, memorável e versátil. Um bom logotipo se adapta a diferentes tamanhos e contextos, mantendo sua integridade e reconhecimento.

Cores

As cores são poderosas ferramentas de comunicação. Elas podem evocar emoções e associações específicas, influenciando a percepção da marca. Escolher uma paleta de cores que reflita a personalidade e os valores da marca é essencial para criar uma identidade coesa.

Tipografia

A tipografia transmite a personalidade da marca de forma sutil, mas significativa. As fontes escolhidas devem ser legíveis e apropriadas ao tom da marca. Uma combinação bem equilibrada de fontes pode adicionar profundidade e consistência ao design visual.

Imagética

As imagens e ilustrações utilizadas na comunicação visual

devem ser consistentes com a identidade da marca. Elas ajudam a contar a história da marca e a criar uma conexão emocional com o público. Escolher um estilo visual que reflita a personalidade da marca é fundamental.

CRIANDO UMA IDENTIDADE VISUAL COESA

Defina diretrizes de marca

Criar diretrizes de marca detalhadas é crucial para garantir a consistência visual. Essas diretrizes devem incluir especificações sobre o uso do logotipo, paleta de cores, tipografia e imagética. Elas servem como um manual para todos os materiais de comunicação, garantindo que a identidade visual seja mantida em todos os canais.

Mantenha a simplicidade

A simplicidade é chave para um design visual eficaz. Evite sobrecarregar sua identidade com muitos elementos ou detalhes complexos. Um design limpo e simples é mais memorável e eficaz em comunicar a essência da marca.

Consistência é essencial

A consistência na aplicação dos elementos visuais em todos os pontos de contato com o cliente é vital. Isso inclui materiais de marketing, embalagens de produtos, site, redes sociais e qualquer outro lugar onde sua marca esteja presente. A consistência fortalece o reconhecimento e a confiança na marca.

Com essas estratégias, você estará bem equipado para criar uma identidade visual que fortaleça sua marca e ressoe com seu público-alvo. No próximo capítulo, vamos explorar a psicologia das cores em branding e como as cores influenciam a percepção da marca e o comportamento do consumidor.

A PSICOLOGIA DAS CORES EM BRANDING

As cores desempenham um papel crucial na identidade da marca e podem influenciar significativamente a percepção e o comportamento dos consumidores. Neste capítulo, vamos explorar a psicologia das cores em branding e como escolher a paleta de cores certa para sua marca.

A INFLUÊNCIA DAS CORES

As cores podem evocar emoções e associações específicas, influenciando a forma como os consumidores percebem sua marca. Entender a psicologia das cores pode ajudar você a escolher uma paleta que reflete os valores e a personalidade da sua marca, além de ressoar com seu público-alvo.

SIGNIFICADOS DAS CORES

Vermelho

O vermelho é uma cor poderosa que evoca emoções fortes como paixão, energia e urgência. É frequentemente usado em marcas que querem transmitir dinamismo e intensidade. No entanto, deve ser usado com moderação, pois pode também ser associado à agressividade.

Azul

O azul é associado à confiança, segurança e tranquilidade. É uma cor popular em setores como tecnologia e finanças, onde a confiança e a estabilidade são essenciais. O azul também é uma cor calmante, que pode ajudar a criar uma sensação de segurança.

Amarelo

O amarelo é uma cor vibrante e alegre, associada à felicidade e otimismo. Pode chamar a atenção e é frequentemente usado para evocar sentimentos de calor e positividade. No entanto, o uso excessivo de amarelo pode ser cansativo para os olhos.

Verde

O verde é frequentemente associado à natureza, crescimento e saúde. É uma escolha popular para marcas relacionadas a bem-estar, sustentabilidade e alimentos. O verde pode evocar sensações de equilíbrio e harmonia.

Preto

O preto transmite sofisticação, elegância e autoridade. É frequentemente usado em marcas de luxo para criar uma imagem de exclusividade e prestígio. No entanto, o preto também pode ser associado à seriedade e formalidade.

ESCOLHENDO A PALETA DE CORES

1. Entenda seu público

As preferências de cores podem variar de acordo com a demografia e a cultura. Entender seu público-alvo é essencial para escolher cores que ressoem com eles. Pesquise as associações culturais e as preferências demográficas para fazer escolhas informadas.

2. Considere a personalidade da marca

As cores devem refletir a personalidade e os valores da sua marca. Se sua marca é inovadora e jovem, cores vibrantes e energéticas podem ser apropriadas. Se sua marca é mais tradicional e confiável, cores mais sóbrias e estáveis podem ser melhores.

3. Teste e ajuste

Não tenha medo de testar diferentes combinações de cores e ajustar conforme necessário. Realize pesquisas com seu público-alvo para ver como eles respondem às cores escolhidas e esteja disposto a fazer mudanças para melhorar a percepção da marca.

Com uma compreensão da psicologia das cores, você estará mais preparado para criar uma paleta de cores que fortaleça sua identidade de marca. No próximo capítulo, vamos explorar a criação de um logotipo marcante e memorável.

CRIAÇÃO DE UM LOGO MARCANTE

Um logotipo eficaz é um dos componentes mais importantes da identidade de uma marca. Neste capítulo, vamos explorar como criar um logotipo que seja memorável, distinto e reflita a essência da sua marca.

IMPORTÂNCIA DO LOGOTIPO

O logotipo é muitas vezes a primeira coisa que as pessoas notam sobre uma marca. Ele deve comunicar a identidade e os valores da marca de forma instantânea. Um logotipo bem projetado pode criar reconhecimento imediato e estabelecer uma conexão emocional com o público.

CARACTERÍSTICAS DE UM LOGOTIPO MARCANTE

Simplicidade

Um logotipo simples é mais fácil de reconhecer e lembrar. Evite detalhes excessivos e mantenha o design limpo. A simplicidade também facilita a adaptação do logotipo a diferentes tamanhos e contextos.

Memorabilidade

Um bom logotipo deve ser memorável. Isso significa que ele deve se destacar e ser fácil de lembrar após apenas um breve encontro. Formas únicas, cores distintas e um design claro contribuem para a memorizabilidade.

Versatilidade

O logotipo deve funcionar bem em vários tamanhos e aplicações, desde cartões de visita até outdoors. Ele também deve ser eficaz em diferentes cores, incluindo preto e branco. A versatilidade garante que o logotipo mantenha sua integridade visual em qualquer situação.

Relevância

O design do logotipo deve ser relevante para o setor e o público-alvo da marca. Ele deve refletir a personalidade e os valores da marca, criando uma conexão instantânea com o público.

Atemporalidade

Um logotipo eficaz deve resistir ao teste do tempo. Evite tendências de design passageiras que podem fazer com que seu logotipo pareça datado rapidamente. Um design atemporal garante que o logotipo permaneça relevante por muitos anos.

PASSOS PARA CRIAR UM LOGOTIPO

Pesquisa e inspiração

Antes de começar a desenhar, pesquise outros logotipos no seu setor e identifique o que funciona bem e o que não funciona. Busque inspiração em diferentes fontes e crie um mood board com ideias e referências visuais.

Brainstorming

Comece a esboçar ideias no papel. Explore diferentes conceitos e direções de design sem se preocupar com a perfeição. O objetivo é gerar o máximo de ideias possíveis antes de refinar as opções.

Refinamento

Escolha os esboços mais promissores e refine-os. Adicione detalhes e ajustes para melhorar a clareza e a memorizabilidade. Considere diferentes combinações de cores e tipografia para ver como cada elemento se integra ao design.

Feedback

Mostre suas opções de logotipo a colegas, amigos ou grupos focais. Colete feedback sobre o que funciona e o que pode ser melhorado. O feedback externo pode fornecer insights valiosos que você pode não ter considerado.

Finalização

Com base no feedback, finalize o design do logotipo. Crie versões em diferentes tamanhos e cores para garantir que ele funcione bem em todos os contextos. Certifique-se de que o logotipo está em um formato de alta qualidade e pronto para uso.

Criar um logotipo marcante é uma tarefa desafiadora, mas gratificante. Com um logotipo eficaz, você pode estabelecer uma identidade de marca forte e reconhecível. No próximo capítulo, exploraremos estratégias de naming para escolher nomes de marca eficazes que reforcem a identidade desejada.

ESTRATÉGIAS DE NAMING

Escolher o nome certo para a sua marca é uma das decisões mais importantes que você tomará. Neste capítulo, vamos explorar estratégias de naming para criar nomes de marca eficazes que reforcem a identidade desejada e ressoem com seu público.

A IMPORTÂNCIA DO NOME DA MARCA

O nome da marca é a primeira impressão que os clientes terão de sua empresa. Ele deve ser memorável, fácil de pronunciar e escrever, e refletir a personalidade e os valores da marca. Um nome eficaz pode ajudar a diferenciar sua marca no mercado e criar uma conexão emocional com os consumidores.

TIPOS DE NOMES DE MARCA

Descritivos

Nomes descritivos explicam diretamente o que a empresa faz ou oferece. Eles são claros e informativos, mas podem ser menos memoráveis. Exemplos incluem General Motors e American Airlines.

Sugestivos

Nomes sugestivos evocam uma imagem ou sentimento associado à marca, sem descrever diretamente o produto ou serviço. Eles são mais criativos e memoráveis. Exemplos incluem Netflix (mistura de internet e filmes) e Facebook (um anuário digital).

Inventados

Nomes inventados são palavras criadas especificamente para a marca. Eles são únicos e facilmente registráveis, mas podem exigir mais esforço de marketing para estabelecer significado. Exemplos incluem Google e Kodak.

Siglas

Siglas são abreviações das iniciais de um nome mais longo. Elas podem ser eficazes se o nome completo for muito longo ou complicado. Exemplos incluem IBM (International Business Machines) e BMW (Bayerische Motoren Werke).

Nomes geográficos

Nomes geográficos referem-se a um lugar específico que pode estar relacionado à origem da empresa ou ao mercado alvo. Exemplos incluem Patagonia e Amazon.

ESTRATÉGIAS PARA ESCOLHER O NOME DA MARCA

Brainstorming

Reúna uma equipe diversificada e comece a brainstormar possíveis nomes. Não se preocupe com a viabilidade no início; o objetivo é gerar o máximo de ideias possível.

Análise de concorrentes

Analise os nomes de marcas concorrentes para identificar tendências e evitar similaridades. Um nome único ajudará sua marca a se destacar no mercado.

Verificação de disponibilidade

Verifique a disponibilidade do nome escolhido como domínio de internet e registre-o, se possível. Certifique-se também de que o nome não está registrado como marca por outra empresa.

Teste com o público

Testar os nomes potenciais com um grupo do seu público-alvo pode fornecer insights valiosos. Escolha os nomes que ressoam mais com eles e são mais memoráveis.

Significado e conotações

Considere os significados e conotações do nome em diferentes culturas e idiomas, especialmente se você planeja operar internacionalmente. Evite nomes que possam ter conotações negativas.

FINALIZANDO O NOME

Depois de escolher o nome, assegure-se de registrá-lo legalmente e proteger sua marca. Use o nome consistentemente em todos os pontos de contato com o cliente para construir reconhecimento e confiança.

Com um nome de marca eficaz, você estará bem posicionado para criar uma identidade de marca forte e memorável. No próximo capítulo, vamos explorar o branding de voz e tom, definindo como sua marca se comunica para garantir mensagens consistentes.

BRANDING DE VOZ E TOM

A voz e o tom da sua marca são essenciais para criar uma comunicação consistente e autêntica. Neste capítulo, vamos explorar como definir a voz e o tom da sua marca para garantir que todas as suas comunicações reflitam a personalidade e os valores da marca.

A IMPORTÂNCIA DA VOZ DA MARCA

A voz da marca é a personalidade distintiva com a qual sua marca se comunica. Ela deve ser consistente em todos os canais de comunicação, desde o site até as redes sociais e o atendimento ao cliente. Uma voz de marca bem definida ajuda a criar uma conexão emocional com o público e fortalece a identidade da marca.

ELEMENTOS DA VOZ DA MARCA

Personalidade

A personalidade da marca deve refletir os valores e a missão da empresa. Por exemplo, uma marca voltada para a inovação pode ter uma voz audaciosa e futurista, enquanto uma marca focada em sustentabilidade pode ter uma voz calma e inspiradora.

Consistência

A consistência é crucial para construir confiança e reconhecimento. A voz da marca deve ser a mesma em todos os pontos de contato, independentemente do canal ou do público. Isso inclui o estilo de escrita, a escolha de palavras e o tom geral das mensagens.

Adaptabilidade

Embora a voz da marca deva ser consistente, ela também precisa ser adaptável a diferentes contextos. Por exemplo, o tom pode ser mais formal em comunicações empresariais e mais casual nas redes sociais.

DEFININDO A VOZ DA MARCA

Conheça seu público

Entender seu público-alvo é fundamental para definir a voz da marca. Considere quem são seus clientes, quais são suas preferências e como eles se comunicam. A voz da marca deve ressoar com eles e atender às suas expectativas.

Crie uma persona de marca

Desenvolva uma persona de marca que encapsule a personalidade da sua empresa. Esta persona deve incluir características como valores, tom de voz, estilo de comunicação e até mesmo frases ou expressões típicas. A persona serve como um guia para manter a consistência.

Defina o tom de voz

O tom de voz é a forma específica como a personalidade da marca é expressa. Ele pode variar de formal a casual, de sério a humorístico, dependendo da situação. Definir diretrizes claras para o tom de voz ajuda a manter a consistência.

EXEMPLOS DE VOZES DE MARCA

Formal e profissional

Marcas como bancos ou consultorias financeiras frequentemente utilizam uma voz formal e profissional para transmitir confiança e autoridade.

Amigável e casual

Marcas voltadas para o público jovem ou de lifestyle, como redes sociais e empresas de moda, podem adotar uma voz amigável e casual para criar uma conexão mais próxima com o público.

Inspirador e motivacional

Marcas de fitness ou de desenvolvimento pessoal podem usar uma voz inspiradora e motivacional para encorajar e engajar seu público.

APLICANDO A VOZ DA MARCA

Materiais de marketing

Certifique-se de que todos os materiais de marketing, incluindo anúncios, e-mails e conteúdo do site, utilizem a voz da marca definida. A consistência nesses materiais é crucial para construir uma identidade forte.

Redes sociais

As redes sociais são um canal importante para expressar a voz da marca. Use a voz da marca em todas as postagens, comentários e interações para manter a consistência.

Atendimento ao cliente

A voz da marca também deve ser aplicada no atendimento ao cliente. Treine sua equipe para se comunicar de maneira que reflita a personalidade e os valores da marca, seja por telefone, e-mail ou chat ao vivo.

Com uma voz de marca bem definida, você pode garantir uma comunicação consistente e autêntica em todos os canais. No próximo capítulo, vamos explorar o storytelling da marca e como utilizar narrativas para conectar emocionalmente com o público e fortalecer a identidade da marca.

STORYTELLING DA MARCA

A narrativa da marca é uma ferramenta poderosa para conectar emocionalmente com seu público e fortalecer a identidade da marca. Neste capítulo, vamos explorar como usar o storytelling para criar uma conexão duradoura com os consumidores e comunicar os valores da sua marca.

A IMPORTÂNCIA DO STORYTELLING

Histórias são uma forma fundamental de comunicação humana. Elas são mais memoráveis e envolventes do que simples fatos ou informações. Usar o storytelling na sua marca permite que você comunique seus valores, missão e personalidade de uma forma que ressoa profundamente com seu público.

ELEMENTOS DE UMA BOA HISTÓRIA DE MARCA

Protagonista

Toda boa história tem um protagonista. Na narrativa da marca, o protagonista pode ser a própria marca, seus fundadores ou até mesmo seus clientes. O importante é que o protagonista seja alguém com quem o público possa se identificar.

Conflito

O conflito é o elemento que cria tensão e interesse na história. Para marcas, o conflito pode ser um desafio que a empresa enfrentou, um problema que seus produtos resolvem ou uma causa que a marca apoia.

Jornada

A jornada é o caminho que o protagonista percorre para superar o conflito. Na narrativa da marca, isso pode incluir a história de como a empresa foi fundada, os obstáculos que superou e as vitórias que alcançou. A jornada deve ser inspiradora e mostrar o crescimento e a evolução da marca.

Resolução

A resolução é o desfecho da história, onde o conflito é resolvido. Para marcas, isso pode ser a realização de uma missão, o lançamento de um produto inovador ou a contribuição para uma causa importante. A resolução deve reforçar os valores e a missão da marca.

CRIANDO A HISTÓRIA DA MARCA

Identifique seus valores

Comece identificando os valores centrais da sua marca. Esses valores devem guiar a narrativa e ser evidentes em toda a história.

Conheça seu público

Entenda as necessidades, desejos e desafios do seu público-alvo. A história da marca deve ressoar com eles e falar diretamente às suas experiências e aspirações.

Desenvolva a narrativa

Construa a narrativa da marca em torno dos elementos fundamentais: protagonista, conflito, jornada e resolução. Certifique-se de que a história é autêntica e verdadeira, refletindo a essência da marca.

Utilize múltiplos canais

Conte a história da marca em múltiplos canais, desde o site até as redes sociais, campanhas de marketing e materiais impressos. A consistência é crucial para garantir que a narrativa seja reconhecida e lembrada.

APLICANDO O STORYTELLING

Campanhas de marketing

Use o storytelling em suas campanhas de marketing para criar anúncios mais envolventes e memoráveis. Conte histórias que destacam os valores e a missão da sua marca.

Redes sociais

As redes sociais são um ótimo canal para storytelling. Compartilhe histórias sobre a fundação da empresa, o impacto dos seus produtos ou histórias inspiradoras de clientes.

Site e blog

Seu site e blog são plataformas ideais para contar a história da marca em maior detalhe. Use esses canais para compartilhar a jornada da sua marca, estudos de caso e histórias de sucesso.

Com uma narrativa de marca bem desenvolvida, você pode criar uma conexão emocional duradoura com seu público e fortalecer sua identidade de marca. No próximo capítulo, vamos explorar estratégias de lançamento de marca para maximizar o reconhecimento e a aceitação.

ESTRATÉGIAS DE LANÇAMENTO DE MARCA

Lançar uma nova marca ou relançar uma existente é um momento crucial para qualquer empresa. Neste capítulo, vamos explorar estratégias eficazes para planejar e executar um lançamento de marca que maximize o reconhecimento e a aceitação, garantindo que sua marca comece com o pé direito no mercado.

A IMPORTÂNCIA DO LANÇAMENTO DE MARCA

O lançamento de uma marca é a primeira grande oportunidade para causar uma impressão duradoura no público. Um lançamento bem-sucedido cria expectativa, gera buzz e estabelece a identidade da marca no mercado. É a chance de comunicar claramente quem você é, o que você oferece e por que os consumidores devem se importar.

PASSOS PARA UM LANÇAMENTO DE MARCA EFICAZ

PASSO 1 - Planejamento estratégico

O planejamento é a base de qualquer lançamento de marca bem-sucedido. Isso envolve definir objetivos claros, identificar o público-alvo, analisar o mercado e desenvolver um plano detalhado de comunicação e marketing.

Definição de objetivos

Estabeleça objetivos específicos e mensuráveis para o lançamento da marca. Isso pode incluir metas de reconhecimento de marca, engajamento nas redes sociais, geração de leads ou vendas iniciais. Ter objetivos claros ajuda a direcionar os esforços e medir o sucesso.

Identificação do público-alvo

Conheça seu público-alvo em detalhes. Entenda suas necessidades, desejos, comportamentos e onde eles consomem informação. Isso ajudará a direcionar suas estratégias de comunicação e escolher os canais mais eficazes para alcançar esse público.

Análise de mercado

Realize uma análise de mercado para entender o cenário competitivo e identificar oportunidades e ameaças. Isso inclui estudar concorrentes diretos e indiretos, tendências de mercado e possíveis barreiras de entrada.

PASSO 2 - Desenvolvimento da mensagem

A mensagem de lançamento deve ser clara, coesa e ressoar com seu público-alvo. Ela deve comunicar a proposta de valor da marca, os benefícios únicos dos seus produtos ou serviços e a missão da empresa.

Proposta de valor

Desenvolva uma proposta de valor que destaque o que torna sua marca única e desejável. Esta proposta deve ser o foco central de todas as comunicações de lançamento.

Narrativa de lançamento

Crie uma narrativa envolvente que conte a história da sua marca e o que a torna especial. Use elementos de storytelling para conectar emocionalmente com o público e tornar a mensagem mais memorável.

Consistência de mensagem

Garanta que a mensagem de lançamento seja consistente em todos os canais e materiais de comunicação. Isso inclui o site, redes sociais, anúncios, e-mails e qualquer outro ponto de contato com o cliente.

PASSO 3 - Escolha dos canais de comunicação

Selecione os canais de comunicação mais adequados para alcançar seu público-alvo. Isso pode incluir marketing digital, mídias sociais, PR, eventos e parcerias estratégicas.

Marketing digital

Use estratégias de marketing digital, como SEO, publicidade paga, marketing de conteúdo e e-mail marketing, para gerar buzz e engajamento em torno do lançamento da marca.

Mídias sociais

As redes sociais são uma ferramenta poderosa para o lançamento de marca. Crie campanhas que incentivem o compartilhamento, use anúncios segmentados para alcançar seu público e interaja ativamente com os seguidores para construir uma comunidade em torno da marca.

Relações públicas

Uma estratégia de PR bem executada pode gerar cobertura da mídia e aumentar a credibilidade da marca. Envie press releases, organize eventos de lançamento e aproveite influenciadores e embaixadores de marca para aumentar a visibilidade.

PASSO 4 - Criação de expectativa

Gerar expectativa antes do lançamento é crucial para criar interesse e engajamento. Use técnicas de teaser, pré-lançamento e exclusividade para manter o público ansioso pelo lançamento.

Campanhas teaser

Crie campanhas teaser que dão pistas sobre a marca sem revelar tudo. Isso pode incluir imagens enigmáticas, vídeos curtos ou postagens em redes sociais que gerem curiosidade.

Pré-lançamento

Ofereça conteúdos exclusivos, como amostras gratuitas, prévias de produtos ou acesso antecipado, para criar um senso de exclusividade e recompensar os seguidores mais engajados.

Influenciadores e parcerias

Colabore com influenciadores e parceiros estratégicos que possam ajudar a amplificar sua mensagem e alcançar novos públicos. Escolha influenciadores cuja audiência se alinhe com seu público-alvo e que possam autenticamente promover sua marca.

PASSO 5 - Execução do lançamento

No dia do lançamento, a execução deve ser impecável. Garanta que todos os canais estejam alinhados, que a equipe esteja preparada e que a experiência do cliente seja excelente.

Lançamento online

Se o lançamento for digital, certifique-se de que o site está otimizado e preparado para o tráfego aumentado. Realize contagem regressiva e eventos ao vivo, como webinars ou transmissões ao vivo, para engajar o público.

Eventos de lançamento

Organize eventos de lançamento, seja online ou presenciais, para criar uma experiência memorável. Esses eventos podem incluir demonstrações de produtos, palestras, painéis de discussão e oportunidades de networking.

Atendimento ao cliente

Prepare sua equipe de atendimento ao cliente para responder rapidamente a perguntas e resolver problemas. Um excelente atendimento ao cliente durante o lançamento pode criar uma impressão positiva duradoura.

PASSO 6 - Monitoramento e avaliação

Após o lançamento, é crucial monitorar o desempenho e avaliar os resultados. Use métricas para medir o sucesso e identificar áreas de melhoria.

Métricas de sucesso

Defina e acompanhe métricas chave, como engajamento nas redes sociais, tráfego no site, leads gerados e vendas. Compare os resultados com os objetivos estabelecidos para avaliar o sucesso do lançamento.

Feedback do público

Colete feedback do público para entender o que funcionou bem e o que pode ser melhorado. Use pesquisas, comentários nas redes sociais e análises de satisfação para obter insights valiosos.

Ajustes pós-lançamento

Com base nos dados e feedback coletados, faça ajustes nas estratégias de marketing e comunicação. Continuar refinando e melhorando a abordagem garante que a marca continue a crescer e se fortalecer.

Com essas estratégias, você estará bem preparado para lançar sua marca com impacto e sucesso. No próximo capítulo, vamos explorar como gerenciar a presença online e proteger a reputação da sua marca.

GESTÃO DE MARCA E REPUTAÇÃO ONLINE

Manter uma gestão eficaz da marca e sua reputação online é essencial para proteger e fortalecer a identidade da sua marca. Neste capítulo, exploraremos estratégias e práticas para monitorar, gerenciar e melhorar a presença online da sua marca, garantindo que ela permaneça consistente, confiável e relevante.

A IMPORTÂNCIA DA GESTÃO DE REPUTAÇÃO ONLINE

No mundo digital de hoje, a reputação online de uma marca pode ser o fator decisivo entre o sucesso e o fracasso. Comentários, avaliações e menções nas redes sociais podem influenciar a percepção do público e impactar diretamente a confiança e lealdade dos consumidores.

MONITORAMENTO DA PRESENÇA ONLINE

Ferramentas de monitoramento

Utilize ferramentas de monitoramento para acompanhar o que está sendo dito sobre sua marca online. Algumas ferramentas populares incluem Google Alerts, Hootsuite, Mention e Brandwatch. Essas ferramentas ajudam a rastrear menções em redes sociais, blogs, fóruns e outras plataformas digitais.

Análise de sentimento

A análise de sentimento permite entender o tom das menções à sua marca, sejam elas positivas, negativas ou neutras. Isso ajuda a identificar tendências e áreas que precisam de atenção. Muitas ferramentas de monitoramento já oferecem essa funcionalidade, facilitando a análise.

Feedback direto

Incentive o feedback direto dos clientes por meio de pesquisas, formulários e interações nas redes sociais. Isso não apenas fornece insights valiosos, mas também mostra que você valoriza a opinião dos clientes e está comprometido em melhorar.

GESTÃO DE CRISES

Plano de gestão de crises

Tenha um plano de gestão de crises preparado. Isso inclui definir uma equipe responsável, procedimentos de resposta rápida e estratégias de comunicação. Estar preparado para uma crise pode minimizar danos à reputação e ajudar a resolver a situação de forma eficaz.

Resposta rápida

Responda rapidamente a qualquer feedback negativo ou crise. A rapidez na resposta mostra que você leva a sério as preocupações dos clientes e está empenhado em resolver os problemas. Uma resposta rápida pode evitar que a situação se agrave.

Comunicação transparente

Seja transparente em suas comunicações durante uma crise. Admita erros quando necessário, explique as ações que estão sendo tomadas para resolver a situação e mantenha o público informado. A transparência ajuda a reconstruir a confiança.

CONSTRUÇÃO DE REPUTAÇÃO POSITIVA

Conteúdo de qualidade

Produza e compartilhe conteúdo de alta qualidade que seja relevante e valioso para seu público. Isso inclui artigos de blog, vídeos, infográficos e postagens em redes sociais. Conteúdo de qualidade fortalece a imagem da marca e posiciona sua empresa como uma autoridade no setor.

Engajamento nas redes sociais

Interaja ativamente com seus seguidores nas redes sociais. Responda a comentários, participe de conversas e compartilhe conteúdos gerados pelos usuários. O engajamento regular mostra que sua marca é acessível e valoriza a comunidade.

Avaliações e testemunhos

Incentive os clientes satisfeitos a deixar avaliações positivas e testemunhos. Exiba essas avaliações em seu site e perfis de redes sociais para construir confiança e atrair novos clientes. Avaliações positivas são poderosas ferramentas de marketing.

PROTEÇÃO DA MARCA

Registro de marca

Garanta que sua marca esteja registrada e protegida legalmente. Isso inclui o nome da marca, logotipo e outros elementos distintivos. A proteção legal ajuda a prevenir o uso não autorizado e a defesa contra violações.

Monitoramento de uso indevido

Monitore o uso indevido da sua marca online. Ferramentas de monitoramento podem ajudar a identificar casos de plágio, falsificação ou uso indevido do nome ou logotipo da sua marca. Tomar medidas rápidas contra esses casos protege a integridade da marca.

Políticas de uso

Estabeleça políticas claras sobre o uso da marca por terceiros. Isso inclui diretrizes para parceiros, afiliados e influenciadores. Políticas claras ajudam a manter a consistência e protegem a imagem da marca.

AVALIAÇÃO E MELHORIA CONTÍNUA

Métricas de desempenho

Defina e acompanhe métricas de desempenho para

avaliar a eficácia das estratégias de gestão de marca e reputação online. Algumas métricas importantes incluem o engajamento nas redes sociais, o número de avaliações positivas, a análise de sentimento e o tráfego do site.

Revisão regular

Realize revisões regulares das suas estratégias e práticas de gestão de marca. Use os dados coletados para identificar áreas de melhoria e ajustar suas abordagens conforme necessário. A revisão contínua garante que sua marca permaneça relevante e bem percebida.

Feedback interno

Colete feedback interno da sua equipe sobre as práticas de gestão de marca e reputação. A perspectiva da equipe pode fornecer insights valiosos sobre o que está funcionando bem e o que pode ser melhorado.

Com essas estratégias de gestão de marca e reputação online, você pode garantir que sua marca permaneça forte, confiável e respeitada no mercado digital. No próximo capítulo, vamos explorar o branding digital e como utilizar as mídias sociais para ampliar o alcance da marca e engajar o público.

BRANDING DIGITAL E MÍDIAS SOCIAIS

Em um mundo cada vez mais conectado, o branding digital e o uso eficaz das mídias sociais são essenciais para ampliar o alcance da sua marca e engajar o público. Neste capítulo, exploraremos estratégias para fortalecer sua presença digital e aproveitar ao máximo as plataformas de mídias sociais.

A IMPORTÂNCIA DO BRANDING DIGITAL

O branding digital envolve a aplicação dos princípios de branding no ambiente online, criando uma presença forte e coesa que ressoe com os consumidores digitais. Uma marca bem definida digitalmente pode aumentar a visibilidade, construir confiança e fomentar lealdade.

ELEMENTOS DO BRANDING DIGITAL

Website

Seu site é a base da presença digital da sua marca. Ele deve ser visualmente atraente, fácil de navegar e otimizado para dispositivos móveis. Certifique-se de que o design, a mensagem e o conteúdo reflitam a identidade da sua marca.

SEO (otimização para motores de busca)

A otimização para motores de busca é crucial para garantir que seu site seja facilmente encontrado pelos usuários. Use palavras-chave relevantes, crie conteúdo de qualidade e siga as melhores práticas de SEO para melhorar sua classificação nos resultados de busca.

Conteúdo digital

O conteúdo é o coração do branding digital. Crie e compartilhe conteúdo valioso, relevante e envolvente que ressoe com seu público-alvo. Isso inclui postagens de blog, vídeos, infográficos, podcasts e e-books.

ESTRATÉGIAS DE MÍDIAS SOCIAIS

Escolha das plataformas

Identifique quais plataformas de mídias sociais são mais relevantes para seu público-alvo. As opções incluem Facebook, Instagram, Twitter, LinkedIn, TikTok e Pinterest. Cada plataforma tem suas próprias características e vantagens, então escolha aquelas que melhor se alinham com seus objetivos e audiência.

Desenvolvimento de conteúdo

Crie um calendário de conteúdo para planejar e organizar suas postagens nas mídias sociais. O conteúdo deve ser diversificado e incluir uma mistura de formatos, como imagens, vídeos, stories, enquetes e transmissões ao vivo. Mantenha a consistência na voz e no tom da marca.

Engajamento com a audiência

Interaja ativamente com seus seguidores. Responda a comentários, mensagens e menções. Incentive a participação do público com perguntas, enquetes e chamadas para ação. O engajamento regular ajuda a construir uma comunidade leal e ativa.

Anúncios em mídias sociais

Utilize anúncios pagos para aumentar o alcance e a visibilidade da sua marca. As plataformas de mídias sociais oferecem opções de segmentação avançada que permitem alcançar o público-alvo com precisão. Experimente diferentes formatos de anúncios, como anúncios de imagem, vídeo e carrossel.

Colaboração com influenciadores

Parcerias com influenciadores podem amplificar sua mensagem e alcançar novos públicos. Escolha influenciadores que compartilhem os valores da sua marca e tenham uma audiência relevante. As colaborações podem incluir postagens patrocinadas, resenhas de produtos e campanhas conjuntas.

MONITORAMENTO E ANÁLISE

Ferramentas de análise

Utilize ferramentas de análise de mídias sociais, como Facebook Insights, Instagram Analytics, Twitter Analytics e Google Analytics, para monitorar o desempenho das suas campanhas. Essas ferramentas fornecem dados sobre alcance, engajamento, tráfego e outras métricas importantes.

Ajuste de estratégias

Analise os dados coletados para identificar o que está funcionando bem e o que precisa ser ajustado. Experimente diferentes abordagens e refine suas estratégias com base nos resultados. O ajuste contínuo garante que suas iniciativas de branding digital e mídias sociais permaneçam eficazes.

Métricas de sucesso

Defina métricas de sucesso claras para avaliar o desempenho das suas estratégias de mídias sociais. Isso pode incluir número de seguidores, taxa de engajamento, alcance das postagens, tráfego para o site e conversões. Acompanhar essas métricas ajuda a medir o impacto e a eficácia das suas ações.

MELHORES PRÁTICAS PARA BRANDING DIGITAL E MÍDIAS SOCIAIS

Consistência visual

Mantenha a consistência visual em todas as plataformas digitais. Isso inclui o uso de logotipo, cores, tipografia e estilo de imagens. A consistência visual fortalece o reconhecimento da marca e cria uma experiência coesa para os usuários.

Autenticidade

Seja autêntico e transparente nas suas comunicações. O público valoriza a honestidade e a autenticidade, então evite exageros e promessas vazias. Compartilhe histórias reais, mostre os bastidores e humanize sua marca.

Conteúdo gerado pelo usuário

Incentive os seguidores a criar e compartilhar conteúdo relacionado à sua marca. O conteúdo gerado pelo usuário (UGC) pode incluir fotos, vídeos, avaliações e depoimentos. Repostar UGC não apenas amplia seu alcance, mas também constrói confiança e engajamento.

Inovação e criatividade

Não tenha medo de experimentar e ser criativo nas suas campanhas de mídias sociais. Use novos formatos, explore tendências e pense fora da caixa. A inovação pode diferenciar sua marca e manter o público interessado.

Com essas estratégias e melhores práticas, você pode fortalecer sua presença digital e maximizar o impacto das suas iniciativas de mídias sociais. No próximo capítulo, exploraremos como criar experiências de cliente que reforcem a identidade da marca e promovam a lealdade.

ENGAJAMENTO DO CLIENTE E EXPERIÊNCIA DE MARCA

Criar experiências memoráveis para os clientes é essencial para reforçar a identidade da marca e promover a lealdade. Neste capítulo, exploraremos estratégias para engajar clientes e proporcionar experiências de marca que não apenas satisfaçam, mas encantem e fidelizem os consumidores.

A IMPORTÂNCIA DA EXPERIÊNCIA DE MARCA

A experiência de marca engloba todas as interações que um cliente tem com a sua marca, desde o primeiro contato até o pós-venda. Uma experiência positiva pode transformar clientes em defensores da marca, enquanto uma experiência negativa pode afastar clientes em potencial e prejudicar a reputação da marca.

ELEMENTOS DA EXPERIÊNCIA DE MARCA

Atendimento ao cliente

Um atendimento ao cliente excelente é fundamental para uma experiência de marca positiva. Isso inclui a prontidão para resolver problemas, a cordialidade no atendimento e a capacidade de personalizar interações.

Consistência

A consistência em todas as interações e pontos de contato com o cliente reforça a identidade da marca. Isso se aplica a comunicação, qualidade dos produtos ou serviços e a experiência do usuário em todos os canais.

Personalização

Os consumidores valorizam experiências personalizadas. Utilizar dados de clientes para oferecer recomendações, promoções e comunicações personalizadas pode aumentar o engajamento e a satisfação.

ESTRATÉGIAS PARA MELHORAR A EXPERIÊNCIA DE MARCA

Conheça seu cliente

Entender profundamente seu público-alvo é o primeiro passo para criar experiências memoráveis. Utilize pesquisas, feedbacks e dados analíticos para conhecer as necessidades, desejos e expectativas dos seus clientes.

Crie uma jornada do cliente

Mapeie a jornada do cliente, desde a descoberta da marca até a pós-compra. Identifique os principais pontos de contato e oportunidades para surpreender e encantar os clientes. Uma jornada bem definida ajuda a garantir uma experiência coesa e positiva.

Invista em treinamento

Treine sua equipe para proporcionar um atendimento ao cliente excepcional. Isso inclui habilidades de comunicação, resolução de problemas e empatia. Uma equipe bem treinada é fundamental para manter a consistência e a qualidade do atendimento.

FERRAMENTAS PARA MELHORAR A EXPERIÊNCIA DO CLIENTE

CRM (Customer Relationship Management)

Use sistemas de CRM para gerenciar e analisar as interações com os clientes. Um bom CRM permite personalizar o atendimento, acompanhar o histórico de compras e interações, e identificar oportunidades de melhoria.

Plataformas de feedback

Implementar plataformas de feedback, como pesquisas pós-compra, avaliações de produtos e sistemas de NPS (Net Promoter Score), permite coletar e analisar as opiniões dos clientes. Utilize esses dados para fazer ajustes e melhorias contínuas.

Automação de marketing

Ferramentas de automação de marketing ajudam a personalizar a comunicação com os clientes em escala. E-mails automatizados, campanhas de retargeting e recomendações personalizadas são algumas das formas de manter o engajamento e a satisfação.

ENGAJAMENTO DO CLIENTE

Programas de fidelidade

Crie programas de fidelidade que recompensem os clientes por suas compras e interações com a marca. Ofereça pontos, descontos exclusivos e benefícios especiais para incentivar a repetição de compra e a lealdade.

Comunidades de marca

Desenvolva comunidades de marca onde os clientes possam se conectar, compartilhar experiências e interagir com a marca. Fóruns, grupos em redes sociais e eventos exclusivos são maneiras eficazes de construir uma comunidade engajada.

Conteúdo interativo

Utilize conteúdo interativo, como quizzes, enquetes e transmissões ao vivo, para engajar os clientes de forma dinâmica. Esse tipo de conteúdo incentiva a participação ativa e fortalece a conexão emocional com a marca.

MONITORAMENTO E AVALIAÇÃO DA EXPERIÊNCIA DE MARCA

Métricas de satisfação

Acompanhe métricas de satisfação do cliente, como CSAT (Customer Satisfaction Score), NPS e taxas de retenção. Essas métricas fornecem insights sobre a eficácia das suas estratégias de experiência de marca.

Análise de feedback

Analise o feedback dos clientes para identificar padrões e áreas de melhoria. Utilize essas informações para fazer ajustes e aprimorar continuamente a experiência do cliente.

Benchmarking

Compare suas métricas de experiência de marca com as de concorrentes e líderes do setor. O benchmarking ajuda a identificar onde você está se destacando e onde há oportunidades para melhorar.

Criar e manter uma experiência de marca excepcional requer um compromisso contínuo com a qualidade, a personalização e o engajamento. Ao investir em estratégias que colocam o cliente no centro, você pode fortalecer a identidade da marca e fomentar uma lealdade duradoura.

No próximo capítulo, exploraremos o branding internacional e como adaptar a identidade da marca para mercados internacionais, mantendo a consistência global.

BRANDING INTERNACIONAL

Expandir sua marca para mercados internacionais pode abrir novas oportunidades de crescimento, mas também apresenta desafios únicos. Neste capítulo, exploraremos como adaptar a identidade da marca para diferentes mercados internacionais, garantindo consistência global enquanto se respeitam as nuances culturais e preferências locais.

A IMPORTÂNCIA DO BRANDING INTERNACIONAL

Expandir para mercados internacionais requer uma estratégia de branding que equilibre a consistência global da marca com a adaptação local. Uma abordagem eficaz permite que sua marca ressoe com consumidores de diferentes culturas, aumentando a aceitação e o sucesso no novo mercado.

DESAFIOS DO BRANDING INTERNACIONAL

Diferenças culturais

Cada mercado tem suas próprias normas culturais, valores e comportamentos de consumo. Ignorar essas diferenças pode levar a mal-entendidos e fracasso no mercado. É crucial realizar uma pesquisa cultural aprofundada para adaptar sua marca de forma apropriada.

Barreiras linguísticas

A língua é uma parte fundamental da comunicação de marca. Erros de tradução ou uso inadequado do idioma podem prejudicar a percepção da marca. Garantir traduções precisas e culturalmente relevantes é essencial.

Regulamentações locais

Cada país tem suas próprias regulamentações em termos de marketing, publicidade e proteção ao consumidor. Cumprir essas regulamentações é vital para evitar problemas legais e construir confiança com os consumidores locais.

ESTRATÉGIAS PARA ADAPTAÇÃO DA MARCA

Pesquisa de mercado internacional

Antes de entrar em um novo mercado, realize uma pesquisa de mercado detalhada para entender o ambiente competitivo, as preferências do consumidor e as diferenças culturais. Isso ajuda a identificar oportunidades e riscos.

Análise SWOT

Realize uma análise SWOT (Strengths, Weaknesses, Opportunities, Threats) específica para cada mercado internacional. Isso fornece uma visão clara das suas vantagens competitivas e dos desafios que você pode enfrentar.

Grupos focais e entrevistas

Conduza grupos focais e entrevistas com consumidores locais para obter insights sobre suas expectativas e percepções. Essa pesquisa qualitativa oferece uma compreensão mais profunda das nuances culturais.

Localização de conteúdo

A localização vai além da simples tradução. Ela envolve adaptar o conteúdo para que ele seja relevante e ressoe com o público local.

Tradução e transcrição

Contrate tradutores nativos que compreendam a cultura local para garantir traduções precisas. A transcriação, ou reescrita criativa, pode ser necessária para manter o tom e a mensagem original enquanto se adapta ao contexto cultural.

Visual e design

Adapte os elementos visuais e de design para refletir as preferências estéticas locais. Cores, imagens e símbolos podem ter significados diferentes em culturas distintas, e é importante usá-los de maneira adequada.

Consistência da marca

Manter a consistência da marca em todos os mercados é crucial para construir uma identidade forte e reconhecível.

Diretrizes globais de marca

Desenvolva diretrizes globais de marca que definam os elementos essenciais da identidade da marca, como logotipo, paleta de cores, tipografia e voz. Essas diretrizes servem como um padrão para todas as adaptações locais.

Flexibilidade local

Embora a consistência seja importante, permita flexibilidade para adaptações locais necessárias. Isso pode incluir ajustes na mensagem, na imagem e até mesmo no produto para atender melhor às necessidades do mercado local.

MEDINDO O SUCESSO DO BRANDING INTERNACIONAL

Indicadores de desempenho

Defina indicadores-chave de desempenho (KPIs) específicos para cada mercado. Isso pode incluir métricas como reconhecimento da marca, participação de mercado, engajamento nas redes sociais e satisfação do cliente.

Feedback do consumidor

Colete feedback contínuo dos consumidores locais para entender suas percepções e identificar áreas de melhoria. Use pesquisas, análises de mídia social e grupos focais para obter insights valiosos.

Análise comparativa

Compare o desempenho da marca em diferentes mercados para identificar padrões e melhores práticas. A análise comparativa ajuda a entender quais estratégias funcionam melhor e podem ser replicadas em outros mercados.

DESAFIOS E SOLUÇÕES

Resistencia à marca estrangeira

Os consumidores locais podem ser céticos em relação a marcas estrangeiras. Para superar isso, enfatize o valor agregado da sua marca e como ela se adapta às necessidades locais.

Solução: parcerias locais

Forme parcerias com empresas locais ou influenciadores para aumentar a credibilidade e aceitação da marca. Essas parcerias podem ajudar a construir confiança e facilitar a entrada no mercado.

Diferenciação Competitiva

Diferenciar sua marca em um mercado competitivo pode ser desafiador. Encontre um ponto de diferenciação único que ressoe com o público local e destaque sua marca da concorrência.

Solução: inovação

Inove constantemente para oferecer produtos e experiências únicas que atendam às necessidades e desejos dos consumidores locais. A inovação pode ser um fator decisivo na diferenciação da marca.

Expandir para mercados internacionais requer uma abordagem cuidadosa e estratégica para adaptar a identidade da marca enquanto mantém a consistência global. Com pesquisa de mercado detalhada, localização cuidadosa e uma estratégia de branding bem definida, sua marca pode prosperar em novos mercados.

No próximo capítulo, vamos explorar como integrar práticas sustentáveis e responsabilidade social no coração da identidade da marca.

SUSTENTABILIDADE E RESPONSABILIDADE SOCIAL

No mundo atual, os consumidores esperam que as marcas não apenas ofereçam produtos e serviços de qualidade, mas também demonstrem um compromisso genuíno com a sustentabilidade e a responsabilidade social. Neste capítulo, exploraremos como integrar essas práticas no coração da identidade da sua marca, fortalecendo sua reputação e criando uma conexão mais profunda com os consumidores.

A IMPORTÂNCIA DA SUSTENTABILIDADE E RESPONSABILIDADE SOCIAL

As práticas sustentáveis e a responsabilidade social não são mais apenas diferenciais competitivos; elas se tornaram essenciais para o sucesso a longo prazo das marcas. Os consumidores estão cada vez mais conscientes do impacto ambiental e social das suas escolhas e preferem marcas que demonstram um compromisso verdadeiro com essas questões.

BENEFÍCIOS DE INTEGRAR SUSTENTABILIDADE E RESPONSABILIDADE SOCIAL

Reputação de marca

Empresas que adotam práticas sustentáveis e socialmente responsáveis são vistas de maneira mais positiva pelos consumidores. Isso fortalece a reputação da marca e aumenta a lealdade do cliente.

Diferenciação competitiva

Em um mercado saturado, a sustentabilidade e a responsabilidade social podem diferenciar sua marca da concorrência, atraindo consumidores que valorizam esses princípios.

Engajamento do cliente

Os consumidores que se identificam com os valores de sustentabilidade e responsabilidade social são mais propensos a se engajar com a marca, promovê-la e defendê-la.

Acesso a novos mercados

Alguns mercados e consumidores exigem produtos que atendam a padrões específicos de sustentabilidade. Adotar essas práticas pode abrir portas para novos mercados e oportunidades de negócios.

ESTRATÉGIAS PARA INTEGRAR SUSTENTABILIDADE NA MARCA

Avaliação de impacto

Realize uma avaliação de impacto ambiental e social das operações da sua empresa. Identifique áreas onde você pode reduzir o impacto negativo e melhorar a sustentabilidade.

Análise de ciclo de vida

Conduza uma análise de ciclo de vida dos seus produtos para entender o impacto ambiental em todas as etapas, desde a produção até o descarte. Use essas informações para implementar melhorias sustentáveis.

Desenvolvimento de produtos sustentáveis

Incorpore princípios de sustentabilidade no desenvolvimento de produtos. Isso pode incluir o uso de materiais reciclados, a redução de desperdício e a melhoria da eficiência energética.

Design ecológico

Adote práticas de design ecológico para criar produtos que sejam duráveis, recicláveis e energeticamente eficientes. Considere todo o ciclo de vida do produto ao tomar decisões de design.

Práticas operacionais sustentáveis

Implemente práticas operacionais que minimizem o impacto ambiental. Isso pode incluir a redução do consumo de energia, a gestão eficiente de resíduos e a utilização de fontes de energia renovável.

Redução de emissões

Desenvolva estratégias para reduzir as emissões de carbono, como otimização de logística, uso de energia limpa e melhorias na eficiência dos processos produtivos.

ESTRATÉGIAS PARA INTEGRAR RESPONSABILIDADE SOCIAL NA MARCA

Envolvimento da comunidade

Participe ativamente das comunidades onde sua empresa opera. Isso pode incluir a criação de programas de voluntariado, parcerias com organizações locais e apoio a iniciativas comunitárias.

Programas de voluntariado

Incentive os funcionários a participarem de programas de voluntariado. Isso não só beneficia a comunidade, mas também fortalece o moral e o engajamento dos funcionários.

Práticas de trabalho justas

Garanta que todas as práticas de trabalho na sua empresa sejam justas e éticas. Isso inclui condições de trabalho seguras, salários justos e respeito aos direitos dos trabalhadores.

Fornecedores éticos

Escolha fornecedores que compartilhem seus valores de responsabilidade social e que adotem práticas de trabalho éticas. Realize auditorias regulares para garantir a conformidade.

Transparência e comunicação

Seja transparente sobre as iniciativas de sustentabilidade e responsabilidade social da sua empresa. Comunique essas práticas de forma clara e autêntica aos seus consumidores.

Relatórios de sustentabilidade

Publique relatórios de sustentabilidade que detalhem suas metas, ações e progressos. Esses relatórios demonstram seu compromisso e permitem que os consumidores acompanhem seu desempenho.

MEDINDO O IMPACTO DAS INICIATIVAS DE SUSTENTABILIDADE E RESPONSABILIDADE SOCIAL

Indicadores de desempenho

Defina indicadores-chave de desempenho (KPIs) para medir o impacto das suas iniciativas de sustentabilidade e responsabilidade social. Esses KPIs podem incluir redução de emissões de carbono, quantidade de resíduos reciclados, e número de horas de voluntariado.

Feedback dos stakeholders

Colete feedback de stakeholders, incluindo funcionários, consumidores e parceiros, para avaliar a percepção das suas iniciativas. Use esse feedback para ajustar e melhorar suas práticas.

Análise de impacto

Realize análises periódicas para avaliar o impacto ambiental e social das suas operações. Use essas análises para identificar áreas de melhoria contínua e para comunicar os resultados aos stakeholders.

DESAFIOS E SOLUÇÕES

Custo inicial

Implementar práticas sustentáveis pode ter um custo inicial elevado. No entanto, os benefícios a longo prazo, como a redução de custos operacionais e o aumento da lealdade do cliente, podem compensar esse investimento.

Solução: parcerias e financiamento

Busque parcerias e financiamento de iniciativas de sustentabilidade. Programas de subsídios, incentivos fiscais e colaborações com ONGs podem ajudar a mitigar os custos iniciais.

Comunicação ineficaz

Comunicar de forma ineficaz suas iniciativas de sustentabilidade pode levar a uma percepção errada ou ao "greenwashing" (eco-embuste).

Solução: transparência e autenticidade

Seja transparente e autêntico na comunicação das suas práticas sustentáveis. Use evidências concretas e exemplos claros para demonstrar seu compromisso genuíno.

Integrar sustentabilidade e responsabilidade social na identidade da sua marca é essencial para atender às expectativas dos consumidores modernos e garantir o sucesso a longo prazo. Ao adotar práticas sustentáveis e socialmente responsáveis, você não só contribui para um mundo melhor, mas também fortalece a reputação e a lealdade à sua marca.

No próximo capítulo, exploraremos como utilizar tecnologias emergentes para fortalecer a identidade da marca e inovar nas suas estratégias de branding.

USO DE TECNOLOGIA NO BRANDING

A tecnologia desempenha um papel crucial na construção e fortalecimento da identidade de marca no mundo digital de hoje. Neste capítulo, vamos explorar como as tecnologias emergentes podem ser utilizadas para inovar nas estratégias de branding, criar experiências personalizadas e engajar os consumidores de maneira eficaz.

A IMPORTÂNCIA DA TECNOLOGIA NO BRANDING

A tecnologia oferece ferramentas poderosas para entender melhor o comportamento dos consumidores, personalizar interações e medir o impacto das estratégias de branding. Integrar tecnologia nas suas iniciativas de branding pode melhorar a eficiência, a precisão e a eficácia das suas campanhas.

TECNOLOGIAS EMERGENTES NO BRANDING

Inteligência Artificial (IA)

A IA tem o potencial de transformar o branding, oferecendo insights detalhados sobre o comportamento do consumidor e permitindo a personalização em escala.

Análise de dados

A IA pode processar grandes volumes de dados para identificar padrões e tendências no comportamento do consumidor. Isso permite uma segmentação mais precisa e a criação de campanhas de marketing altamente direcionadas.

Personalização

Com a IA, é possível personalizar interações com os consumidores em tempo real. Por exemplo, algoritmos de recomendação podem sugerir produtos com base no histórico de compras e preferências individuais.

Realidade Aumentada (AR) e Realidade Virtual (VR)

AR e VR oferecem formas imersivas e interativas de envolver os consumidores, criando experiências de marca memoráveis.

Experiências de produto

A AR permite que os consumidores visualizem como os produtos se encaixariam em seu ambiente antes de comprar. Por exemplo, empresas de móveis usam AR para mostrar como um sofá ficaria na sala de estar do cliente.

Experiências de marca

A VR pode criar experiências imersivas que transportam os consumidores para o mundo da marca. Por exemplo, uma marca de turismo pode usar VR para oferecer tours virtuais de destinos exóticos.

Blockchain

O blockchain oferece transparência e segurança, sendo particularmente útil para marcas que desejam fortalecer a confiança e a autenticidade.

Rastreamento de produtos

O blockchain pode ser usado para rastrear a cadeia de suprimentos, garantindo a autenticidade dos produtos e permitindo que os consumidores verifiquem a origem e a sustentabilidade dos itens que compram.

Programas de fidelidade

Os programas de fidelidade baseados em blockchain podem proporcionar maior transparência e segurança nas recompensas e benefícios, criando uma experiência de cliente mais confiável.

Chatbots e assistentes virtuais

Os chatbots e assistentes virtuais melhoram a experiência do cliente, oferecendo suporte 24/7 e interações personalizadas.

Atendimento ao cliente

Chatbots podem responder a perguntas frequentes, resolver problemas comuns e direcionar clientes para os recursos certos, melhorando a eficiência do atendimento ao cliente.

Engajamento personalizado

Assistentes virtuais podem proporcionar uma experiência de compra personalizada, recomendando produtos, ajudando com escolhas e oferecendo descontos exclusivos.

IMPLEMENTAÇÃO DE TECNOLOGIAS NO BRANDING

Identificação das necessidades

Comece identificando as necessidades e objetivos específicos da sua marca que a tecnologia pode ajudar a alcançar. Isso pode incluir melhorar a personalização, aumentar o engajamento ou garantir a autenticidade.

Escolha da tecnologia adequada

Pesquise e selecione as tecnologias que melhor se alinham com seus objetivos de branding. Considere fatores como custo, facilidade de implementação e compatibilidade com suas operações existentes.

Desenvolvimento e teste

Desenvolva as soluções tecnológicas com a ajuda de especialistas e realize testes extensivos para garantir que elas funcionem conforme o esperado. O feedback dos testes deve ser usado para fazer ajustes e melhorias.

Treinamento da equipe

Garanta que sua equipe esteja bem treinada para usar as novas tecnologias. O treinamento adequado é crucial para maximizar os benefícios das ferramentas tecnológicas e garantir uma implementação bem-sucedida.

MEDINDO O IMPACTO DAS TECNOLOGIAS NO BRANDING

Métricas de engajamento

Acompanhe métricas de engajamento, como tempo de permanência no site, taxa de cliques e interações nas redes sociais, para avaliar o impacto das tecnologias no engajamento do consumidor.

Satisfação do cliente

Utilize pesquisas de satisfação e feedback dos clientes para medir o impacto das novas tecnologias na experiência do cliente. Isso ajuda a identificar áreas de melhoria e ajustar as estratégias conforme necessário.

ROI (retorno sobre investimento)

Calcule o ROI das tecnologias implementadas, comparando os custos de implementação com os benefícios obtidos, como aumento nas vendas, redução de custos operacionais e melhoria na lealdade do cliente.

DESAFIOS E SOLUÇÕES

Custos de implementação

A implementação de novas tecnologias pode ser cara e exigir investimentos significativos.

Solução: planejamento e priorização

Planeje cuidadosamente a implementação e priorize as tecnologias que oferecem o maior impacto com o menor custo. Considere iniciar com projetos piloto para testar a viabilidade antes de expandir.

Resistência à mudança

A introdução de novas tecnologias pode encontrar resistência por parte dos funcionários e até dos clientes.

Solução: educação e comunicação

Eduque sua equipe sobre os benefícios das novas tecnologias e como elas melhorarão suas tarefas diárias. Comunique claramente aos clientes como as tecnologias melhorarão suas experiências com a marca.

Integrar tecnologias emergentes em suas estratégias de branding pode proporcionar uma vantagem competitiva significativa, melhorando a personalização, o engajamento e a eficiência. Ao adotar uma abordagem estratégica e medir cuidadosamente os resultados, você pode fortalecer a identidade da sua marca e criar experiências memoráveis para os consumidores.

No próximo capítulo, vamos explorar as ferramentas e técnicas para medir a eficácia do branding e entender o impacto das suas estratégias na percepção e lealdade da marca.

MEDIÇÃO DO IMPACTO DA IDENTIDADE DE MARCA

Medir a eficácia da identidade de marca é essencial para entender seu impacto na percepção e lealdade dos consumidores. Neste capítulo, exploraremos as ferramentas e técnicas para avaliar a eficácia do branding, ajudando você a ajustar suas estratégias e maximizar o desempenho da marca.

A IMPORTÂNCIA DA MEDIÇÃO DE BRANDING

Medir o impacto da identidade de marca permite identificar o que está funcionando e o que precisa ser ajustado. Isso ajuda a garantir que seus esforços de branding estejam alinhados com os objetivos de negócios e ressoando positivamente com o público-alvo.

PRINCIPAIS MÉTRICAS DE BRANDING

Reconhecimento da marca

O reconhecimento da marca mede a capacidade dos consumidores de identificar sua marca entre outras. É um indicador chave de quão bem sua marca está sendo percebida no mercado.

Pesquisa de reconhecimento

Realize pesquisas com seu público-alvo para medir o reconhecimento da marca. Perguntas como "Qual marca vem à mente quando você pensa em [categoria de produto]?" podem ajudar a avaliar o reconhecimento espontâneo.

Taxa de Recall

A taxa de recall mede a capacidade dos consumidores de lembrar da sua marca após serem expostos a estímulos relacionados. Pesquisas pós-exposição, como após uma campanha publicitária, podem fornecer esses dados.

Percepção da marca

A percepção da marca é como os consumidores veem e sentem sua marca. Isso inclui associações emocionais e cognitivas que moldam a imagem da marca.

Análise de sentimento

Use ferramentas de análise de sentimento para monitorar menções à sua marca em mídias sociais, avaliações online e fóruns. Isso ajuda a entender como os consumidores percebem sua marca em tempo real.

Pesquisas de imagem de marca

Conduza pesquisas para avaliar a imagem da marca. Pergunte aos consumidores como eles descrevem sua marca e quais características eles associam a ela. Essas percepções podem ser comparadas ao posicionamento desejado da marca.

Lealdade do cliente

A lealdade do cliente mede o grau de compromisso e repetição de compra dos consumidores em relação à sua marca. Clientes leais são mais propensos a defender sua marca e recomendar a outros.

Net Promoter Score (NPS)

O NPS é uma métrica popular para medir a lealdade do cliente. Pergunte aos clientes: "Em uma escala de 0 a 10, quão provável é que você recomende nossa marca a um amigo ou colega?" Classifique as respostas em promotores (9-10), passivos (7-8) e detratores (0-6).

Taxa de retenção

Acompanhe a taxa de retenção de clientes ao longo do tempo. Um aumento na retenção pode indicar que suas estratégias de branding estão funcionando bem.

Participação de mercado

A participação de mercado mede a parcela do mercado total que sua marca ocupa em comparação com os concorrentes. É um indicador de quão competitiva sua marca é no mercado.

Análise de Vendas

Compare suas vendas com as do mercado total para calcular sua participação de mercado. Acompanhe essas métricas regularmente para identificar tendências e avaliar a eficácia das suas campanhas de branding.

FERRAMENTAS PARA MEDIR O IMPACTO DA MARCA

Google Analytics

Google Analytics é uma ferramenta poderosa para monitorar o desempenho do seu site e campanhas online. Ele fornece dados sobre tráfego, comportamento do usuário e conversões, ajudando a avaliar o impacto do branding digital.

Principais métricas

Monitore métricas como taxa de rejeição, tempo no site, páginas por visita e taxa de conversão para entender como os visitantes interagem com seu conteúdo e se envolvem com sua marca.

Ferramentas de análise de mídias sociais

Ferramentas como Hootsuite, Sprout Social e Buffer ajudam a monitorar e analisar o desempenho das suas campanhas nas mídias sociais. Elas fornecem dados sobre engajamento, alcance e crescimento de seguidores.

Métricas de engajamento

Acompanhe métricas como curtidas, compartilhamentos, comentários e menções para avaliar o engajamento do público com sua marca nas redes sociais.

Plataformas de pesquisa

Plataformas como SurveyMonkey e Typeform permitem criar e distribuir pesquisas para coletar feedback direto dos consumidores sobre sua marca.

Criação de pesquisas

Crie pesquisas que avaliem o reconhecimento, a percepção e a lealdade da marca. Distribua essas pesquisas por e-mail, redes sociais e no seu site para obter uma amostra representativa.

TÉCNICAS DE ANÁLISE DE DADOS

Análise de tendências

Acompanhe as métricas ao longo do tempo para identificar tendências. Isso ajuda a entender o impacto das suas estratégias de branding e ajustar suas ações conforme necessário.

Visualização de dados

Use ferramentas de visualização de dados, como Tableau ou Power BI, para criar gráficos e dashboards que facilitam a análise de tendências e a comunicação dos resultados.

Análise comparativa

Compare suas métricas com as de concorrentes e benchmarks do setor para avaliar seu desempenho relativo. Isso fornece insights sobre onde sua marca está se destacando e onde há oportunidades de melhoria.

Benchmarking

Use relatórios de benchmarking disponíveis no mercado ou conduza sua própria pesquisa para comparar seu desempenho com o de outras marcas líderes.

DESAFIOS NA MEDIÇÃO DO IMPACTO DA MARCA

Coleta de dados

Coletar dados precisos e representativos pode ser desafiador, especialmente quando se trata de medir percepções e sentimentos.

Solução: métodos diversificados

Use uma combinação de métodos qualitativos e quantitativos, como pesquisas, análises de mídia social e dados de vendas, para obter uma visão abrangente do impacto da sua marca.

Interpretação de dados

Interpretar dados de forma correta é crucial para tomar decisões informadas. Dados podem ser complexos e sujeitos a diferentes interpretações.

Solução: expertise analítica

Invista em profissionais com expertise analítica ou em ferramentas avançadas de análise de dados para garantir que os insights extraídos sejam precisos e acionáveis.

Medir o impacto da identidade de marca é essencial para garantir que suas estratégias estejam alinhadas com os objetivos de negócios e ressoando com o público-alvo. Com as ferramentas e técnicas certas, você pode avaliar a eficácia do branding, ajustar suas estratégias e maximizar o desempenho da marca.

No próximo capítulo, vamos explorar quando e como revitalizar a identidade da marca para se manter relevante em mercados em constante mudança.

RENOVAÇÃO E REBRANDING

No dinâmico cenário empresarial atual, manter a relevância de uma marca é um desafio contínuo. Às vezes, isso exige uma renovação ou um rebranding completo. Neste capítulo, vamos explorar quando e como revitalizar a identidade da marca para se manter atual e competitivo em mercados em constante mudança.

A IMPORTÂNCIA DA RENOVAÇÃO E REBRANDING

A renovação e o rebranding são processos estratégicos que podem ajudar a revitalizar a marca, alinhar-se com novas tendências de mercado, atender às expectativas dos consumidores e superar a concorrência. Eles são essenciais para manter a marca relevante e poderosa.

QUANDO CONSIDERAR A RENOVAÇÃO OU REBRANDING

Mudanças no mercado

O mercado e o comportamento dos consumidores estão em constante evolução. Se as preferências e expectativas do seu público-alvo mudaram, pode ser hora de reconsiderar a identidade da sua marca.

> **Exemplo: novas tendências**
>
> A emergência de novas tendências, como a sustentabilidade ou a tecnologia, pode exigir que a marca se adapte para permanecer relevante.

Desempenho de marca estagnado

Se a marca está enfrentando uma queda nas vendas, perda de participação de mercado ou falta de engajamento do cliente, pode ser necessário um rebranding para revitalizar a percepção e o interesse dos consumidores.

> **Exemplo: declínio nas vendas**
>
> Se suas vendas estão caindo consistentemente, um rebranding pode ajudar a revigorar o interesse e atrair novos clientes.

Expansão ou mudança de foco

À medida que a empresa cresce ou muda seu foco estratégico, a identidade da marca pode precisar ser atualizada para refletir essa nova direção.

Exemplo: nova linha de produtos

Se a empresa está lançando uma nova linha de produtos que não se alinha com a marca atual, um rebranding pode ajudar a criar uma imagem coesa e atraente.

Reputação comprometida

Problemas de reputação, como crises públicas ou associações negativas, podem tornar necessário um rebranding para reconstruir a confiança e a credibilidade.

Exemplo: crise de imagem

Se a marca sofreu uma crise de imagem, um rebranding pode ser necessário para distanciar-se do evento negativo e reconstruir a confiança.

ESTRATÉGIAS DE RENOVAÇÃO E REBRANDING

Pesquisa e diagnóstico

Antes de iniciar um rebranding, conduza uma pesquisa abrangente para entender a percepção atual da marca e identificar áreas de melhoria.

Pesquisa de mercado

Realize pesquisas de mercado para coletar insights sobre as percepções e expectativas dos consumidores. Entenda as forças e fraquezas da marca e identifique oportunidades de melhoria.

Análise SWOT

Conduza uma análise SWOT (Strengths, Weaknesses,

Opportunities, Threats) para avaliar a posição atual da marca e orientar o processo de rebranding.

Definição de objetivos

Estabeleça objetivos claros e mensuráveis para o rebranding. Isso pode incluir o aumento do reconhecimento da marca, melhoria da percepção, aumento das vendas ou expansão para novos mercados.

SMART Goals

Defina objetivos SMART (Specific, Measurable, Achievable, Relevant, Time-bound) para garantir que o rebranding seja direcionado e focado em resultados concretos.

Desenvolvimento de identidade

Revise e, se necessário, redesenhe os elementos fundamentais da identidade da marca, como nome, logotipo, cores, tipografia e mensagem.

Rebranding visual

Atualize os elementos visuais da marca para refletir uma imagem moderna e alinhada com os novos objetivos. Isso pode incluir um novo logotipo, paleta de cores e design de embalagens.

Rebranding verbal

Revise a voz e o tom da marca para garantir que as comunicações sejam consistentes e ressoem com o público-alvo. Atualize slogans, mensagens de marketing e a narrativa da marca.

Implementação do Rebranding

Planeje e execute a implementação do rebranding de forma abrangente e coordenada, garantindo que todas as partes da organização estejam alinhadas.

Plano de lançamento

Desenvolva um plano de lançamento detalhado que inclua todas as etapas necessárias, desde a criação de materiais de marketing até o treinamento da equipe. Estabeleça um cronograma realista para a implementação.

Comunicação interna

Garanta que todos os funcionários entendam e estejam alinhados com o novo posicionamento da marca. Realize treinamentos e sessões informativas para explicar as mudanças e como elas impactam o trabalho diário.

Comunicação ao Público

Comunique o rebranding ao público de maneira clara e eficaz, explicando os motivos por trás da mudança e os benefícios para os consumidores.

Campanhas de comunicação

Lance campanhas de comunicação que promovam o novo posicionamento da marca. Use múltiplos canais, incluindo mídias sociais, e-mail marketing, publicidade e PR, para alcançar o máximo de exposição.

Engajamento dos consumidores

Engaje os consumidores no processo de rebranding, incentivando feedback e interação. Isso pode incluir concursos, enquetes e eventos de lançamento.

MEDINDO O SUCESSO DO REBRANDING

Monitoramento de métricas

Acompanhe as métricas definidas nos objetivos do rebranding para avaliar seu sucesso. Isso pode incluir aumento no reconhecimento da marca, melhora na percepção, crescimento nas vendas e expansão de mercado.

Indicadores de desempenho

Use indicadores-chave de desempenho (KPIs) para medir o impacto do rebranding. Monitore métricas como tráfego no site, engajamento nas redes sociais, feedback dos clientes e desempenho de vendas.

Feedback dos consumidores

Colete feedback dos consumidores para entender como o rebranding foi recebido. Use pesquisas, análises de mídia social e grupos focais para obter insights detalhados.

Pesquisas de satisfação

Realize pesquisas de satisfação para avaliar a percepção dos consumidores sobre o novo posicionamento da marca. Identifique áreas de sucesso e oportunidades de melhoria.

Análise comparativa

Compare o desempenho da marca antes e depois do rebranding para avaliar o impacto das mudanças. Isso pode incluir análises de vendas, participação de mercado e engajamento do cliente.

Relatórios de progresso

Crie relatórios de progresso regulares para acompanhar o impacto do rebranding ao longo do tempo. Use esses relatórios para ajustar as estratégias conforme necessário.

DESAFIOS E SOLUÇÕES

Resistência à mudança

Os consumidores e funcionários podem resistir às mudanças na marca, especialmente se eles têm um apego emocional à identidade antiga.

Solução: comunicação clara

Comunique claramente os motivos e os benefícios do

rebranding. Envolva os consumidores e funcionários no processo para obter seu apoio e feedback.

Custos elevados

O rebranding pode ser caro, especialmente se envolver mudanças significativas nos produtos, embalagens e marketing.

Solução: planejamento financeiro

Planeje cuidadosamente o orçamento do rebranding e busque maneiras de otimizar custos, como reutilizar materiais existentes e realizar lançamentos graduais.

A renovação e o rebranding são processos vitais para manter a relevância da marca em mercados em constante mudança. Com uma abordagem estratégica e focada em objetivos claros, você pode revitalizar a identidade da sua marca, aumentar a percepção positiva e impulsionar o sucesso a longo prazo.

No próximo capítulo, vamos explorar os desafios comuns em branding e como navegar por obstáculos frequentes no desenvolvimento e gestão de marca.

DESAFIOS COMUNS EM BRANDING

Desenvolver e gerenciar uma marca eficaz pode ser um processo complexo, cheio de desafios. Neste capítulo, exploraremos os obstáculos mais frequentes que as empresas enfrentam no branding e como superá-los para construir uma identidade de marca forte e sustentável.

IDENTIFICAÇÃO E SUPERAÇÃO DE DESAFIOS

Inconsistência na identidade de marca

A inconsistência na comunicação e na apresentação da marca pode confundir os consumidores e diluir a identidade da marca.

Causa comum

- Falta de diretrizes de marca claras e detalhadas.
- Diferentes equipes e departamentos não alinhados com a visão e os valores da marca.

Solução: diretrizes de marca

- Desenvolva um manual de diretrizes de marca abrangente que inclua elementos visuais (logotipo, cores, tipografia) e verbais (voz, tom, mensagens-chave).
- Garanta que todos os funcionários e parceiros estejam familiarizados e alinhados com essas diretrizes.
- Realize treinamentos regulares e atualizações sobre a identidade da marca para manter a consistência.

Falta de clareza na proposta de valor

Uma proposta de valor pouco clara pode dificultar a diferenciação da marca no mercado e confundir os consumidores sobre o que a marca realmente oferece.

Causa comum

- Mensagens de marketing dispersas ou contraditórias.

- Foco insuficiente nos benefícios exclusivos da marca.

Solução: definição clara da proposta de valor

- Identifique os benefícios únicos e os valores centrais que sua marca oferece.
- Comunique esses benefícios de maneira clara e consistente em todos os pontos de contato com o cliente.
- Utilize histórias e exemplos concretos para ilustrar a proposta de valor da marca.

Desalinhamento com o público-alvo

Não entender ou não atender às necessidades e expectativas do público-alvo pode resultar em campanhas de branding ineficazes e perda de clientes.

Causa comum

- Pesquisa de mercado inadequada ou desatualizada.
- Falta de segmentação e personalização nas comunicações.

Solução: pesquisa de mercado e segmentação

- Realize pesquisas de mercado regulares para entender melhor o comportamento, as necessidades e as preferências do seu público-alvo.
- Segmente seu público-alvo com base em dados demográficos, psicográficos e comportamentais.
- Personalize as comunicações e ofertas para cada segmento para aumentar a relevância e o engajamento.

Concorrência intensa

Em mercados saturados, destacar-se entre os concorrentes pode ser um grande desafio.

Causa comum

- Produtos e serviços semelhantes no mercado.
- Falta de inovação e diferenciação.

Solução: inovação e diferenciação

- Inove continuamente em seus produtos, serviços e experiências de cliente.
- Destaque os aspectos únicos da sua marca que a diferenciam da concorrência.
- Use campanhas criativas e autênticas para chamar a atenção e se destacar no mercado.

Crises de reputação

Crises de reputação podem danificar seriamente a imagem da marca e a confiança dos consumidores.

Causa comum

- Erros públicos, como produtos defeituosos ou mau atendimento ao cliente.
- Reações negativas em redes sociais ou na mídia.

Solução: gestão de crises e comunicação transparente

- Desenvolva um plano de gestão de crises que inclua procedimentos para resposta rápida e comunicação clara.
- Seja transparente e honesto com os consumidores durante uma crise. Admita erros, explique as ações corretivas e mantenha o público informado.
- Monitore as redes sociais e a mídia para responder rapidamente a qualquer feedback negativo e controlar a narrativa.

Manutenção da relevância da marca

Manter a relevância da marca ao longo do tempo pode ser

desafiador em um mercado em constante mudança.

Causa comum

- Falta de adaptação às novas tendências e mudanças no comportamento do consumidor.
- Estagnação na inovação de produtos e marketing.

Solução: adaptação e inovação contínua

- Fique atento às tendências de mercado e ao comportamento do consumidor. Adapte suas estratégias de branding conforme necessário.
- Invista em pesquisa e desenvolvimento para manter a inovação nos produtos e serviços.
- Renove periodicamente sua marca para refletir as mudanças no mercado e nas expectativas dos consumidores.

FERRAMENTAS E TÉCNICAS PARA SUPERAÇÃO DE DESAFIOS

Ferramentas de pesquisa de mercado

Utilize ferramentas como Google Trends, SurveyMonkey e SEMrush para coletar dados e insights sobre o mercado e o comportamento do consumidor.

Plataformas de gestão de mídias sociais

Ferramentas como Hootsuite, Sprout Social e Buffer ajudam a monitorar e gerenciar a presença da marca nas redes sociais, facilitando a resposta rápida a crises e o engajamento com os consumidores.

Software de análise de dados

Plataformas como Google Analytics, Tableau e Power BI permitem analisar grandes volumes de dados para tomar decisões informadas sobre estratégias de branding e marketing.

Navegar pelos desafios comuns no branding exige uma abordagem estratégica e adaptável. Ao identificar os obstáculos específicos e implementar soluções eficazes, você pode fortalecer a identidade da sua marca e garantir seu sucesso a longo prazo.

No próximo capítulo, vamos explorar os recursos educacionais e treinamentos disponíveis para profissionais de marca, ajudando você a continuar aprimorando suas habilidades e conhecimentos.

FORMAÇÃO E DESENVOLVIMENTO EM BRANDING

O branding é uma disciplina dinâmica que exige conhecimento atualizado e habilidades refinadas. Neste capítulo, exploraremos os recursos educacionais e treinamentos disponíveis para profissionais de marca, ajudando você a continuar aprimorando suas competências e mantendo-se à frente no mercado competitivo.

A IMPORTÂNCIA DA FORMAÇÃO E DESENVOLVIMENTO

Manter-se atualizado com as últimas tendências, técnicas e ferramentas de branding é crucial para desenvolver estratégias eficazes e inovadoras. A formação contínua permite que os profissionais de branding aprimorem suas habilidades, expandam seus conhecimentos e se adaptem às mudanças no mercado.

RECURSOS EDUCACIONAIS EM BRANDING

Cursos online

Os cursos online são uma excelente forma de adquirir novos conhecimentos e habilidades no seu próprio ritmo. Plataformas como Coursera, Udemy e LinkedIn Learning oferecem uma ampla variedade de cursos focados em branding e marketing.

Coursera

- **Cursos de universidades renomadas:** Oferece cursos de branding ministrados por instituições como a University of London e a University of Illinois.
- **Certificações:** Muitos cursos oferecem certificados reconhecidos que podem ser adicionados ao seu currículo.

Udemy

- **Cursos práticos:** Disponibiliza cursos práticos e específicos sobre diversos aspectos do branding, desde a criação de identidade visual até estratégias de marketing digital.
- **Acessibilidade:** Os cursos são frequentemente

oferecidos com descontos, tornando-os acessíveis a um público amplo.

LinkedIn Learning

- **Integração com LinkedIn:** Permite que você mostre suas novas habilidades diretamente no seu perfil do LinkedIn.
- **Variedade de tópicos:** Oferece cursos abrangentes que cobrem desde o básico do branding até tópicos avançados como branding pessoal e gerenciamento de marca.

Programas de pós-graduação

Para uma formação mais aprofundada, considere programas de pós-graduação em branding e marketing. Universidades ao redor do mundo oferecem MBAs e mestrados especializados que fornecem uma compreensão abrangente da teoria e prática do branding.

Exemplos de programas

- **MBA em marketing:** Universidades como Harvard, Wharton e Stanford oferecem programas de MBA com forte ênfase em branding e estratégias de marketing.
- **Mestrado em branding:** Instituições como a School of Visual Arts em Nova York oferecem programas específicos focados no design e na gestão de marcas.

Workshops e Conferências

Workshops e conferências proporcionam oportunidades valiosas para aprender com especialistas do setor, trocar experiências com outros profissionais e descobrir as últimas tendências e inovações.

Conferências importantes

- **SXSW (South by Southwest):** Uma conferência anual

que cobre uma vasta gama de tópicos, incluindo branding, inovação e marketing digital.
- **Cannes Lions International Festival of Creativity:** Um evento de destaque no setor de marketing e publicidade, onde você pode aprender sobre as campanhas de branding mais criativas e eficazes.
- **Brand New Conference:** Focada em identidade de marca, esta conferência reúne designers e estrategistas para discutir e compartilhar as melhores práticas no desenvolvimento de marcas.

Livros e publicações

Livros escritos por especialistas em branding são recursos valiosos para aprofundar seu conhecimento. Além disso, revistas e blogs do setor mantêm você atualizado com as últimas tendências e estudos de caso.

Livros Recomendados

- **"Building a StoryBrand" de Donald Miller:** Foca em como criar uma mensagem clara e envolvente para sua marca.
- **"How Brands Grow" de Byron Sharp:** Oferece insights baseados em pesquisa sobre o crescimento das marcas e o comportamento do consumidor.
- **"The Brand Gap" de Marty Neumeier:** Explora como fechar a lacuna entre estratégia de negócios e design de marca.

Publicações online

- **Adweek:** Oferece notícias, análises e tendências do setor de publicidade e branding.
- **Branding Strategy Insider:** Um blog que fornece insights profundos sobre estratégias de branding, estudos de caso e tendências.
- **Harvard Business Review:** Publica artigos e estudos

de caso sobre gestão de marca e marketing de forma abrangente.

TREINAMENTOS PROFISSIONAIS

Certificações profissionais

Certificações específicas podem validar suas habilidades e aumentar sua credibilidade no campo de branding. Organizações como a American Marketing Association (AMA) e a Digital Marketing Institute (DMI) oferecem certificações reconhecidas globalmente.

AMA Professional Certified Marketer (PCM)

- **Cobertura abrangente:** Oferece certificações em áreas como marketing digital, gerenciamento de conteúdo e branding.
- **Reconhecimento da indústria:** As certificações da AMA são amplamente reconhecidas e valorizadas pelos empregadores.

DMI Certified Digital Marketing Professional

- **Foco em digital:** Cobre todos os aspectos do marketing digital, incluindo branding digital, SEO e mídia social.
- **Atualizações regulares:** Os cursos são atualizados regularmente para refletir as últimas tendências e práticas do mercado.

Mentoria e coaching

Encontrar um mentor ou coach pode acelerar significativamente seu desenvolvimento profissional. Mentores experientes podem fornecer orientação, compartilhar conhecimentos práticos e ajudar você a evitar armadilhas comuns.

Benefícios da mentoria

- **Desenvolvimento de carreira:** Mentores podem oferecer conselhos sobre desenvolvimento de carreira, ajudando você a alcançar seus objetivos profissionais.
- **Aprendizado prático:** Mentores compartilham experiências reais e lições aprendidas que são valiosas para o seu crescimento.

Como encontrar um mentor

- **Redes profissionais:** Utilize redes profissionais como LinkedIn para encontrar potenciais mentores em sua área de interesse.
- **Programas de mentoria:** Participe de programas de mentoria oferecidos por associações profissionais e instituições educacionais.

COMUNIDADES E REDES DE BRANDING

Associações profissionais

Associações como a American Marketing Association (AMA) e o Chartered Institute of Marketing (CIM) oferecem recursos, eventos e redes de networking para profissionais de marketing e branding.

Benefícios da associação

- **Acesso a recursos:** Membros têm acesso a recursos exclusivos, como pesquisas, webinars e workshops.
- **Oportunidades de networking:** Participe de eventos e fóruns para conhecer outros profissionais do setor e trocar experiências.

Grupos e fóruns online

Grupos no LinkedIn, fóruns especializados e comunidades online são ótimos lugares para discutir tendências, compartilhar conhecimentos e resolver dúvidas relacionadas ao branding.

Exemplos de comunidades online

- **LinkedIn Groups:** Participe de grupos como "Brand Management" e "MarketingProfs" para discussões e atualizações sobre branding.
- **Reddit:** Subreddits como r/marketing e r/branding oferecem espaços para trocar ideias e obter feedback sobre estratégias de branding.

A formação e o desenvolvimento contínuos são essenciais para manter-se competitivo e eficaz no campo de branding. Ao aproveitar recursos educacionais, certificações, mentoria e redes profissionais, você pode aprimorar suas habilidades, expandir seus conhecimentos e impulsionar sua carreira.

No próximo capítulo, vamos explorar as tendências futuras em branding, antecipando mudanças e inovações que moldarão o campo nos próximos anos.

TENDÊNCIAS FUTURAS EM BRANDING

O campo do branding está em constante evolução, impulsionado por mudanças tecnológicas, comportamentais e de mercado. Neste capítulo, exploraremos as tendências emergentes que estão moldando o futuro do branding e como você pode antecipar e aproveitar essas mudanças para manter sua marca relevante e competitiva.

A EVOLUÇÃO DO BRANDING

À medida que o mundo se torna mais digital e interconectado, as marcas devem se adaptar às novas expectativas dos consumidores e às inovações tecnológicas. As tendências futuras em branding refletem essa transformação e oferecem oportunidades para criar experiências mais envolventes e significativas.

TENDÊNCIAS EMERGENTES

Personalização em massa

Os consumidores modernos esperam experiências personalizadas que atendam às suas necessidades e preferências individuais. A personalização em massa está se tornando uma estratégia fundamental para criar conexões mais profundas e engajadas com os clientes.

Tecnologias de personalização

- **Inteligência Artificial (IA):** Algoritmos de IA podem analisar grandes volumes de dados para personalizar recomendações de produtos, comunicações de marketing e experiências de usuário.
- **Machine Learning:** Aprendizado de máquina permite adaptar campanhas em tempo real com base no comportamento do consumidor, aumentando a relevância e a eficácia.

Exemplos de aplicação

- **Netflix:** Utiliza IA para personalizar recomendações de conteúdo com base no histórico de visualização e

nas preferências dos usuários.
- **Amazon:** Oferece recomendações de produtos altamente personalizadas, aumentando a probabilidade de conversão e a satisfação do cliente.

Experiências imersivas

Tecnologias como realidade aumentada (AR) e realidade virtual (VR) estão transformando a forma como as marcas se conectam com os consumidores, criando experiências imersivas e interativas.

Realidade Aumentada (AR)

- **Visualização de produtos:** AR permite que os consumidores visualizem produtos em seu ambiente antes de comprar, aumentando a confiança na decisão de compra.
- **Experiências interativas:** Marcas podem criar campanhas interativas que envolvem os consumidores de maneira nova e emocionante.

Realidade Virtual (VR)

- **Tours virtuais:** VR oferece tours imersivos de locais ou experiências de produtos, permitindo que os consumidores experimentem a marca de maneira única.
- **Eventos virtuais:** Marcas podem organizar eventos virtuais que proporcionam experiências envolventes e memoráveis para os participantes.

Exemplos de aplicação

- **IKEA Place:** Um aplicativo de AR que permite aos usuários visualizar móveis da IKEA em suas casas antes de fazer uma compra.
- **TOMS Virtual Giving Trip:** Uma experiência de VR que transporta os usuários para uma viagem de

doação, mostrando o impacto das compras de TOMS em comunidades carentes.

Sustentabilidade e propósito

A sustentabilidade e o propósito social estão se tornando cada vez mais importantes para os consumidores. Marcas que adotam práticas sustentáveis e demonstram um compromisso genuíno com causas sociais têm mais chances de ganhar a lealdade dos clientes.

Estratégias de sustentabilidade

- **Transparência:** Compartilhe abertamente suas práticas sustentáveis e o impacto positivo da sua marca no meio ambiente e na sociedade.
- **Economia circular:** Adote práticas que promovam a reutilização, reciclagem e redução de desperdícios, criando um ciclo de vida de produto mais sustentável.

Exemplos de aplicação

- **Patagonia:** Conhecida por seu compromisso com a sustentabilidade ambiental, a Patagonia promove a reparação e a reutilização de seus produtos.
- **The Body Shop:** A empresa tem um forte foco em comércio justo, sustentabilidade e práticas éticas em toda a sua cadeia de suprimentos.

Branding digital e influência social

O papel das mídias sociais e dos influenciadores está crescendo, e o branding digital está se tornando essencial para alcançar e engajar os consumidores.

Estratégias de mídias sociais

- **Conteúdo autêntico:** Crie conteúdo autêntico e envolvente que ressoe com seu público-alvo e promova o engajamento.

- **Parcerias com influenciadores:** Colabore com influenciadores que compartilham os valores da sua marca e têm uma audiência relevante.

Exemplos de aplicação

- **Glossier:** A marca de beleza utiliza mídias sociais para se conectar diretamente com os consumidores, incentivando o conteúdo gerado pelo usuário e criando uma comunidade leal.
- **Red Bull:** A empresa cria conteúdo de alto impacto e colabora com influenciadores e atletas para promover sua marca de forma autêntica e envolvente.

Integração de tecnologia de voz

Assistentes virtuais e dispositivos de voz, como Amazon Alexa e Google Assistant, estão transformando a maneira como os consumidores interagem com as marcas.

Oportunidades para Branding

- **SEO para voz:** Otimize seu conteúdo para buscas por voz, garantindo que sua marca seja facilmente encontrada através de assistentes virtuais.
- **Experiências de voz:** Crie habilidades e aplicativos para dispositivos de voz que proporcionem valor aos consumidores e fortaleçam a conexão com a marca.

Exemplos de aplicação

- **Domino's Pizza:** Desenvolveu uma habilidade para Alexa que permite aos clientes fazer pedidos de pizza usando comandos de voz.
- **Nestlé:** Criou uma habilidade de receita para Alexa, ajudando os consumidores a encontrar e preparar receitas usando produtos da marca.

ADAPTAÇÃO ÀS TENDÊNCIAS FUTURAS

Monitoramento e análise de tendências

Manter-se atualizado com as tendências emergentes é essencial para adaptar suas estratégias de branding de forma eficaz.

Ferramentas de monitoramento

- **Google Trends:** Analise as tendências de busca para identificar mudanças no comportamento e nas preferências dos consumidores.
- **Hootsuite Insights:** Monitore conversas nas mídias sociais para identificar novas tendências e oportunidades de engajamento.

Inovação contínua

A inovação contínua é crucial para manter sua marca relevante e competitiva em um mercado em constante mudança.

Estratégias de inovação

- **Pesquisa e desenvolvimento:** Invista em pesquisa e desenvolvimento para criar produtos e serviços inovadores que atendam às necessidades emergentes dos consumidores.
- **Feedback dos clientes:** Utilize o feedback dos clientes para identificar oportunidades de melhoria e inovação em seus produtos e serviços.

Flexibilidade e adaptabilidade

A capacidade de se adaptar rapidamente às mudanças no mercado é uma vantagem competitiva significativa.

Estratégias de adaptabilidade

- **Planejamento ágil:** Adote metodologias ágeis em suas estratégias de branding para responder rapidamente às mudanças e oportunidades do mercado.
- **Testes e iteração:** Realize testes contínuos de suas

campanhas e iniciativas de branding, iterando com base nos resultados para otimizar a eficácia.

As tendências futuras em branding oferecem oportunidades emocionantes para inovar e se conectar com os consumidores de maneiras novas e impactantes. Ao antecipar e adotar essas tendências, você pode fortalecer a identidade da sua marca e garantir seu sucesso a longo prazo.

No próximo capítulo, vamos explorar estratégias específicas para pequenas empresas e startups desenvolverem identidades de marca fortes, mesmo com recursos limitados.

ESTRATÉGIAS PARA PEQUENAS EMPRESAS E STARTUPS

Desenvolver uma identidade de marca forte é crucial para o sucesso de pequenas empresas e startups, especialmente em mercados competitivos. Neste capítulo, exploraremos estratégias específicas que podem ajudar empresas menores a construir e fortalecer suas marcas, mesmo com recursos limitados.

A IMPORTÂNCIA DO BRANDING PARA PEQUENAS EMPRESAS E STARTUPS

Para pequenas empresas e startups, uma marca forte pode ser a diferença entre o sucesso e o fracasso. Um branding eficaz ajuda a diferenciar a empresa no mercado, construir confiança com os clientes e criar uma base de consumidores leais.

FUNDAMENTOS DO BRANDING PARA PEQUENAS EMPRESAS

Definição clara da proposta de valor

Uma proposta de valor clara e única é fundamental para atrair e reter clientes. Ela deve comunicar os benefícios exclusivos que sua empresa oferece e por que os clientes devem escolhê-la em vez dos concorrentes.

Passos para definir a proposta de valor

- **Identifique seus diferenciais:** Determine o que torna seus produtos ou serviços únicos.
- **Entenda seu público-alvo:** Conheça as necessidades e desejos do seu público.
- **Comunique claramente:** Crie uma mensagem clara e concisa que destaque os benefícios da sua oferta.

Exemplos

- **Warby Parker:** "Óculos de alta qualidade a preços acessíveis, com a conveniência da compra online."
- **Dropbox:** "Armazenamento simples e seguro para todos os seus arquivos, acessível de qualquer lugar."

Desenvolvimento de uma identidade visual coesa

Uma identidade visual forte e coesa ajuda a criar reconhecimento e credibilidade para a sua marca.

Elementos de identidade visual

- **Logotipo:** Crie um logotipo simples, memorável e versátil.
- **Paleta de cores:** Escolha cores que reflitam a personalidade e os valores da marca.
- **Tipografia:** Selecione fontes que sejam legíveis e consistentes com o tom da marca.
- **Imagética:** Utilize imagens e gráficos que ressoem com o público-alvo e reforcem a identidade da marca.

Exemplos

- **Mailchimp:** Utiliza um logotipo amigável e uma paleta de cores vibrante que refletem sua abordagem acessível e divertida ao marketing por e-mail.
- **Innocent Drinks:** Usa ilustrações simples e cores suaves para comunicar uma imagem de naturalidade e saúde.

Consistência de marca

Manter a consistência em todas as comunicações e pontos de contato é essencial para construir uma marca confiável e reconhecível.

Passos para garantir consistência

- **Diretrizes de marca:** Crie um guia de estilo que inclua diretrizes para uso do logotipo, cores, tipografia e tom de voz.
- **Treinamento da equipe:** Garanta que todos os funcionários entendam e apliquem as diretrizes da marca.
- **Revisão regular:** Revise regularmente todos os materiais de marketing e comunicações para garantir

a consistência.

Exemplos

- **Slack:** Mantém uma identidade de marca consistente em todas as plataformas, com uma paleta de cores vibrante e um tom de voz amigável e acessível.
- **Glossier:** Utiliza cores suaves e um estilo minimalista em todas as suas comunicações, reforçando sua imagem de marca de beleza acessível e moderna.

ESTRATÉGIAS DE BRANDING COM RECURSOS LIMITADOS

Utilização eficaz das mídias sociais

As mídias sociais são uma ferramenta poderosa e acessível para construir e promover a marca.

Estratégias para mídias sociais

- **Escolha das plataformas certas:** Concentre-se nas plataformas onde seu público-alvo é mais ativo.
- **Conteúdo autêntico:** Crie conteúdo autêntico e envolvente que ressoe com seu público.
- **Engajamento ativo:** Interaja com seus seguidores, respondendo a comentários e mensagens e participando de conversas relevantes.

Exemplos

- **Away:** A marca de malas usa Instagram para compartilhar histórias de viagem e inspirações, criando uma comunidade engajada em torno da marca.
- **Dollar Shave Club:** Utiliza vídeos de humor nas redes sociais para destacar seus produtos e atrair um público jovem e descontraído.

Parcerias estratégicas

Formar parcerias com outras empresas pode aumentar a visibilidade da sua marca e alcançar novos públicos.

Tipos de parcerias

- **Co-branding:** Colabore com marcas complementares para criar produtos ou campanhas conjuntas.
- **Parcerias locais:** Trabalhe com empresas locais para eventos, promoções cruzadas ou iniciativas comunitárias.
- **Influenciadores:** Colabore com influenciadores que compartilhem os valores da sua marca e tenham uma audiência relevante.

Exemplos

- **GoPro e Red Bull:** Parceria que combinou a emoção e a adrenalina das duas marcas em campanhas de marketing conjuntas.
- **Airbnb e Vice:** Criaram uma série de experiências e conteúdos que destacam locais exclusivos e autênticos, atraindo um público jovem e aventureiro.

Foco no atendimento ao cliente

Um excelente atendimento ao cliente pode transformar clientes em defensores da marca, promovendo o boca a boca e a lealdade.

Estratégias de atendimento ao cliente

- **Personalização:** Trate cada cliente como único, personalizando interações e soluções.
- **Rapidez e eficiência:** Responda rapidamente às consultas e resolva problemas de forma eficiente.
- **Feedback:** Colete e utilize o feedback dos clientes para melhorar continuamente seus produtos e serviços.

Exemplos

- **Zappos:** Conhecida por seu atendimento ao cliente excepcional, incluindo a oferta de frete gratuito e um processo de devolução simplificado.
- **Chewy:** Famosa por enviar cartões de aniversário e flores aos clientes, criando uma conexão emocional e uma base de clientes extremamente leal.

MEDINDO O SUCESSO DAS ESTRATÉGIAS DE BRANDING

Indicadores de desempenho

Defina indicadores-chave de desempenho (KPIs) para monitorar a eficácia das suas estratégias de branding.

KPIs importantes

- **Reconhecimento da marca:** Use pesquisas e análises de mídia social para medir o reconhecimento da marca.
- **Engajamento do cliente:** Acompanhe métricas de engajamento nas mídias sociais, como curtidas, compartilhamentos e comentários.
- **Lealdade do cliente:** Monitore taxas de retenção e NPS (Net Promoter Score) para avaliar a lealdade dos clientes.

Feedback e Ajustes Contínuos

Colete feedback dos clientes e analise regularmente os dados de desempenho para ajustar suas estratégias conforme necessário.

Ferramentas de feedback

- **Pesquisas de satisfação:** Envie pesquisas regulares para coletar opiniões dos clientes sobre seus produtos e serviços.
- **Análise de comentários:** Monitore comentários em redes sociais, sites de avaliação e fóruns para identificar tendências e áreas de melhoria.

Desenvolver uma identidade de marca forte é essencial para o sucesso de pequenas empresas e startups. Ao focar na proposta de valor, identidade visual, consistência e estratégias eficazes de branding, mesmo com recursos limitados, sua empresa pode construir uma marca reconhecida e confiável que ressoa com os consumidores e se destaca no mercado.

No próximo capítulo, vamos explorar como parcerias de marca e co-branding podem fortalecer a identidade de marca e expandir o alcance da sua empresa.

PARCERIAS DE MARCA E CO-BRANDING

As parcerias estratégicas e o co-branding são poderosas ferramentas de branding que podem expandir o alcance da sua marca, aumentar a credibilidade e criar novas oportunidades de mercado. Neste capítulo, exploraremos como identificar, formar e gerenciar parcerias de marca eficazes que fortalecem a identidade da sua marca e impulsionam o sucesso.

A IMPORTÂNCIA DAS PARCERIAS DE MARCA E CO-BRANDING

As parcerias de marca e o co-branding permitem que duas ou mais empresas combinem suas forças e recursos para criar valor adicional para os consumidores. Essas colaborações podem aumentar a visibilidade, atrair novos públicos e reforçar a identidade da marca.

TIPOS DE PARCERIAS DE MARCA

Co-branding

O co-branding envolve a colaboração de duas ou mais marcas para criar um produto ou serviço conjunto que combine os pontos fortes de cada marca.

Exemplos de co-branding

- **Nike e Apple:** A parceria Nike+ combina a tecnologia da Apple com os produtos esportivos da Nike, oferecendo uma experiência integrada para os consumidores.
- **GoPro e Red Bull:** Ambas as marcas se uniram para criar conteúdo emocionante e eventos, aproveitando a imagem aventureira e de alta energia de ambas as empresas.

Parcerias promocionais

Essas parcerias envolvem a promoção conjunta de produtos ou serviços, frequentemente por meio de campanhas de marketing e eventos.

Exemplos de parcerias promocionais

- **Uber e Spotify:** Os usuários do Uber podem conectar suas contas do Spotify e ouvir suas próprias playlists durante a viagem, melhorando a experiência do cliente.
- **Starbucks e Barnes & Noble:** As duas marcas se uniram para oferecer cafés Starbucks dentro das lojas Barnes & Noble, atraindo mais clientes e criando uma experiência de compra mais agradável.

Parcerias de distribuição

Parcerias de distribuição ocorrem quando uma marca utiliza a rede de distribuição de outra para alcançar novos mercados ou melhorar a disponibilidade dos seus produtos.

Exemplos de parcerias de distribuição

- **Apple e AT&T:** A parceria inicial entre a Apple e a AT&T para o lançamento do iPhone permitiu à Apple utilizar a rede de distribuição e a base de clientes da AT&T para alcançar rapidamente um grande público.
- **Nestlé e Starbucks:** A Nestlé distribui produtos de café Starbucks em supermercados e varejistas, ampliando o alcance da marca Starbucks.

Parcerias de Conteúdo

Essas parcerias envolvem a criação conjunta de conteúdo, como artigos, vídeos ou eventos, que promovem ambas as marcas e proporcionam valor ao público-alvo.

Exemplos de parcerias de conteúdo

- **Netflix e Marvel:** As duas empresas colaboraram para criar séries de TV baseadas em personagens da Marvel, aumentando a visibilidade e a base de fãs de ambas as marcas.

- **National Geographic e The North Face:** Colaboraram em projetos de conteúdo que destacam aventuras e expedições, reforçando os valores de exploração e sustentabilidade de ambas as marcas.

IDENTIFICANDO PARCERIAS ESTRATÉGICAS

Alinhamento de valores e público-alvo

Escolha parceiros cujos valores e público-alvo estejam alinhados com os da sua marca. Isso garante que a parceria ressoe bem com os consumidores de ambas as marcas.

Critérios de seleção

- **Valores compartilhados:** Certifique-se de que ambas as marcas compartilham valores e princípios semelhantes.
- **Público-alvo comum:** Identifique parceiros que atendam a um público-alvo semelhante ao seu, para maximizar o impacto da parceria.

Complementaridade de produtos e serviços

Busque parcerias com marcas cujos produtos ou serviços complementem os seus, criando uma oferta mais atraente e completa para os consumidores.

Exemplos de complementaridade

- **Tecnologia e Moda:** Parcerias entre marcas de tecnologia e moda podem criar produtos inovadores que combinam estilo e funcionalidade, como relógios inteligentes e roupas com tecnologia integrada.
- **Alimentos e Bebidas:** Marcas de alimentos e bebidas podem se unir para criar novas combinações de produtos que atraem os consumidores, como lanches gourmet e bebidas artesanais.

DESENVOLVIMENTO E IMPLEMENTAÇÃO DE PARCERIAS

Planejamento e definição de objetivos

Desenvolva um plano detalhado que defina os objetivos da parceria, as responsabilidades de cada marca e os recursos necessários.

Passos para o planejamento

- **Estabeleça objetivos claros:** Defina o que cada marca espera alcançar com a parceria, como aumento de vendas, expansão de mercado ou fortalecimento da marca.
- **Determine responsabilidades:** Especifique as responsabilidades de cada parceiro, incluindo desenvolvimento de produtos, marketing e distribuição.
- **Alinhe recursos:** Assegure que ambas as marcas tenham os recursos necessários para executar a parceria com sucesso.

Contratos e acordos

Formalize a parceria com contratos e acordos que detalhem os termos, condições e expectativas de ambas as partes.

Elementos do contrato

- **Direitos e obrigações:** Defina claramente os direitos e obrigações de cada parceiro.
- **Propriedade intelectual:** Estabeleça como a propriedade intelectual será compartilhada e protegida.
- **Planos de contingência:** Inclua planos de contingência para lidar com possíveis problemas ou mudanças durante a parceria.

Comunicação e coordenação

Mantenha uma comunicação aberta e regular entre os parceiros para garantir que todos estejam alinhados e informados sobre o progresso da parceria.

Estratégias de comunicação

- **Reuniões regulares:** Agende reuniões regulares para discutir o progresso, resolver problemas e ajustar estratégias conforme necessário.
- **Ferramentas de colaboração:** Utilize ferramentas de colaboração online, como Slack ou Trello, para facilitar a comunicação e a coordenação entre as equipes.

MEDINDO O SUCESSO DAS PARCERIAS

Definição de métricas de sucesso

Estabeleça métricas claras para medir o sucesso da parceria e avaliar seu impacto.

Exemplos de métricas

- **Aumento de vendas:** Monitore o impacto da parceria nas vendas de ambos os parceiros.
- **Engajamento do cliente:** Acompanhe métricas de engajamento, como interações nas mídias sociais e feedback dos clientes.
- **Reconhecimento da marca:** Use pesquisas e análises de mídia para medir o impacto da parceria no reconhecimento da marca.

Análise e ajustes contínuos

Analise regularmente os dados coletados e faça ajustes conforme necessário para melhorar a eficácia da parceria.

Passos para análise

- **Coleta de dados:** Recolha dados sobre vendas, engajamento e outras métricas relevantes.

- **Análise de desempenho:** Compare os resultados com os objetivos estabelecidos para avaliar o sucesso da parceria.
- **Ajustes estratégicos:** Faça ajustes nas estratégias de marketing, comunicação e operação conforme necessário para maximizar os benefícios da parceria.

As parcerias de marca e o co-branding oferecem oportunidades valiosas para fortalecer a identidade da marca, expandir o alcance e criar valor adicional para os consumidores. Ao identificar parceiros estratégicos, desenvolver planos detalhados e medir o sucesso da parceria, você pode maximizar os benefícios dessas colaborações e impulsionar o crescimento da sua marca.

No próximo capítulo, vamos concluir nossa jornada com estratégias para manter a relevância da marca e adaptá-la às necessidades contínuas do mercado.

MANTENDO A RELEVÂNCIA DA MARCA

Manter a relevância da marca é um desafio contínuo que exige adaptação constante às mudanças do mercado, inovações tecnológicas e evolução nas expectativas dos consumidores. Neste capítulo de conclusão, vamos explorar estratégias para garantir que sua marca permaneça relevante e adaptada às necessidades contínuas do mercado.

A IMPORTÂNCIA DA RELEVÂNCIA DA MARCA

Uma marca relevante é aquela que continua a ressoar com os consumidores ao longo do tempo, mantendo sua posição competitiva e atraindo novos clientes. A relevância é essencial para sustentar o crescimento, construir lealdade e fortalecer a posição da marca no mercado.

ESTRATÉGIAS PARA MANTER A RELEVÂNCIA DA MARCA

Monitoramento contínuo do mercado

Manter-se atualizado com as tendências do mercado e o comportamento dos consumidores é crucial para ajustar suas estratégias de branding de forma eficaz.

Ferramentas de monitoramento

- **Google Trends:** Analise as tendências de busca para identificar mudanças nas preferências dos consumidores.
- **Hootsuite e Sprout Social:** Monitore conversas e tendências nas redes sociais para captar insights sobre o mercado e os consumidores.

Inovação contínua

Inovar constantemente em produtos, serviços e estratégias de marketing ajuda a manter a marca relevante e competitiva.

Áreas de inovação

- **Desenvolvimento de produtos:** Invista em pesquisa e desenvolvimento para criar produtos que atendam às

necessidades emergentes dos consumidores.
- **Marketing digital:** Utilize novas tecnologias e plataformas para alcançar e engajar os consumidores de maneira eficaz.
- **Experiência do cliente:** Melhore continuamente a experiência do cliente para fortalecer a lealdade e a satisfação.

Exemplos

- **Tesla:** Continua a inovar no setor automotivo com veículos elétricos e tecnologias de condução autônoma.
- **Amazon:** Investe constantemente em novas tecnologias e serviços, como a entrega por drones e a assistente de voz Alexa, para melhorar a conveniência e a experiência do cliente.

Feedback e engajamento do cliente

Colete e utilize o feedback dos clientes para ajustar suas estratégias e garantir que a marca atenda às expectativas e necessidades dos consumidores.

Estratégias de feedback

- **Pesquisas de satisfação:** Envie pesquisas regulares para coletar opiniões dos clientes sobre seus produtos e serviços.
- **Análise de comentários:** Monitore comentários em redes sociais, sites de avaliação e fóruns para identificar tendências e áreas de melhoria.
- **Programas de engajamento:** Crie programas que incentivem a participação dos clientes, como clubes de fidelidade e comunidades online.

Exemplos

- **LEGO:** Utiliza a plataforma LEGO Ideas para permitir

que os fãs proponham novos designs de produtos, envolvendo a comunidade e inovando com base no feedback dos consumidores.
- **Starbucks:** Através do programa My Starbucks Idea, a empresa coleta sugestões dos clientes e implementa as melhores ideias, fortalecendo o engajamento e a lealdade.

Flexibilidade e adaptabilidade

Ser capaz de se adaptar rapidamente às mudanças do mercado e às novas oportunidades é uma vantagem competitiva crucial.

Estratégias de adaptabilidade

- **Planejamento ágil:** Adote metodologias ágeis em suas estratégias de branding para responder rapidamente às mudanças e oportunidades do mercado.
- **Testes e iteração:** Realize testes contínuos de suas campanhas e iniciativas de branding, iterando com base nos resultados para otimizar a eficácia.
- **Diversificação:** Diversifique seus produtos e serviços para explorar novos mercados e atender a uma gama mais ampla de necessidades dos consumidores.

Exemplos

- **Netflix:** Evoluiu de um serviço de aluguel de DVDs para um gigante do streaming, adaptando-se às mudanças no comportamento do consumidor e na tecnologia.
- **Adobe:** Transformou seu modelo de negócios de software de licenciamento para um serviço de assinatura baseado em nuvem, mantendo-se relevante em um mercado em rápida evolução.

MEDINDO A RELEVÂNCIA DA MARCA

Indicadores de desempenho

Defina e monitore indicadores-chave de desempenho (KPIs) para avaliar a relevância da marca ao longo do tempo.

Exemplos de KPIs

- **Reconhecimento da marca:** Use pesquisas e análises de mídia social para medir o reconhecimento da marca.
- **Engajamento do cliente:** Acompanhe métricas de engajamento, como curtidas, compartilhamentos, comentários e tempo de permanência no site.
- **Satisfação do cliente:** Monitore taxas de satisfação e NPS (Net Promoter Score) para avaliar a lealdade dos clientes.
- **Crescimento de mercado:** Acompanhe a participação de mercado e as taxas de crescimento em comparação com os concorrentes.

Análise e ajustes contínuos

Analise regularmente os dados coletados e faça ajustes conforme necessário para garantir que sua marca permaneça relevante e competitiva.

Passos para análise

- **Coleta de dados:** Recolha dados sobre vendas, engajamento e outras métricas relevantes.
- **Análise de desempenho:** Compare os resultados com os objetivos estabelecidos para avaliar o sucesso das estratégias.
- **Ajustes estratégicos:** Faça ajustes nas estratégias de marketing, comunicação e operação conforme necessário para maximizar a relevância da marca.

Manter a relevância da marca é um esforço contínuo que requer vigilância constante, inovação e adaptação. Ao monitorar o mercado, inovar continuamente, envolver-se com os clientes e ser flexível às mudanças, você pode garantir que sua marca permaneça relevante e bem-sucedida a longo prazo.

Parabéns por concluir "**Marcas que vendem: estratégias eficazes para criar e fortalecer identidades de marca**"! Este livro foi projetado para fornecer um guia abrangente para desenvolver e gerenciar uma identidade de marca forte e duradoura. Ao aplicar as estratégias e insights discutidos, você estará bem preparado para enfrentar os desafios do branding e alcançar o sucesso no mercado competitivo.

Ao virarmos a última página desta jornada juntos, espero sinceramente que os aprendizados compartilhados aqui tenham tocado seu coração e despertado novas perspectivas. Se este livro lhe trouxe algum valor, peço gentilmente que dedique alguns momentos para deixar sua avaliação na Amazon. Suas palavras não apenas me ajudam a crescer e aprimorar minha arte, mas também guiam outros leitores em suas buscas por conhecimento e inspiração. Sua opinião é um presente valioso, tanto para mim quanto para a comunidade de leitores em busca de histórias que transformam. Agradeço de coração por compartilhar esta jornada comigo e espero que possamos nos encontrar novamente nas páginas de uma nova aventura.

REGINALDO OSNILDO

Olá, sou Reginaldo Osnildo, autor e inovador nas áreas de vendas, tecnologia, e estratégias de comunicação. Minha experiência abrange desde o ambiente acadêmico, como professor e pesquisador na Universidade do Sul de Santa Catarina, até a prática como estrategista no Grupo Catarinense de Rádios. Com um doutorado em narrativas de vendas e convergência digital, e um mestrado em storytelling e imaginário social, eu trago para meus leitores uma fusão única entre teoria e prática. Meu objetivo é fornecer conhecimento em uma linguagem simples, prática e didática, incentivando a aplicação direta na vida pessoal e profissional.

Atenciosamente

Prof. Dr. Reginaldo Osnildo

+55 48 991913865

reginaldoosnildo@gmail.com

www.ingramcontent.com/pod-product-compliance
Lightning Source LLC
Chambersburg PA
CBHW071930210526
45479CB00002B/624